シリーズ
転換期の国際政治 21

紛争後社会と和解
ボスニアにおける国家建設

月村太郎 編著

晃洋書房

まえがき

ボスニア紛争の意味

　ボスニア紛争が終了してから，すでに 30 年が経過しようとしている．1995年 11 月のデイトン合意によってボスニア内戦が終了後，世界は様々な災厄や危機に襲われてきた．ざっと振り返ってみるだけでも，戦争や体制転換に関わるものでは，ボスニアと同じく旧ユーゴ地域に属するコソヴォで 1996 年から紛争が発生し，1999 年 3 月からの NATO による大規模空爆に至った．2001年 9 月には同時多発テロが発生し，多国籍の軍隊がアフガニスタン，イランで「対テロ戦争」を繰り広げた．2011 年初頭からの「アラブの春」では，中東や北アフリカ諸国の政治秩序が一変した．記憶に新しいところでは，2022 年 2月のロシアによるウクライナ侵攻がある．社会経済の分野においても，2008年 9 月から始まる世界金融危機（リーマン・ショック）や，2020 年前半からパンデミック化していった新型コロナウィルスの感染は，われわれの生活を一変させるような影響を与えてきた．自然災害に関しても，2004 年 12 月のスマトラ沖地震があり，日本では 2011 年 3 月に東北地方太平洋沖地震が発生した．

　大きな事件や事故が発生し，それが各種のメディアで報道されるたびに，ボスニア紛争の記憶は薄れていく．ボスニア紛争時は，現地での動きが連日報道されていた．それはあたかも，2022 年から 2023 年にかけてのウクライナに関する報道のようであった．ウクライナでの出来事が，国際関係における画期的な意味を持つように，ボスニア紛争も時代を画する程の衝撃を有していた．その理由は時期と舞台に関わる．まず，ボスニア紛争の時期である．ボスニア紛争が大規模化していくのは 1992 年に入ってからだが，旧ユーゴでは 1990 年から政治的混乱が続き，スロヴェニアやクロアチアで紛争が発生し，そうした

「暴力化」の過程の頂点がボスニア紛争であった．1989 年に冷戦が終了し，世界では西側の勝利により平和な時代を迎えるという楽観的意見が一般的であったが，そのさなかに大規模な軍事衝突が発生するのである．

　しかし大規模な紛争というだけであれば，中東やアフリカで多発してきたし，現在進行中のケースも存在する．例えば，ボスニア紛争と同じ時期にアフリカ中部で発生したルワンダ紛争は，国民に占める犠牲者の割合や絶対的な数字において，ボスニア紛争のそれを遙かに上回る．それにも拘わらず，国際社会の関心はボスニア紛争に向いていた．それは，ボスニア紛争の舞台が，地理的にヨーロッパに含まれていたからである．冷戦時代のヨーロッパでは，テロによる暴力こそ見られたが，ボスニア紛争に匹敵する軍事的衝突は，第二次世界大戦終了直後のギリシャのそれ以来，全くなかったのである．

　平和を謳歌できると人々が考えていた時期に，大規模な軍事衝突に無縁なヨーロッパで発生したのが，ボスニア紛争であったのである．しかしボスニア紛争は，同時代的な衝撃に加えて，その後の世界の動きに大きな影響を与えた．まず，第一に NATO の関与に発する問題である．ボスニア紛争を終わらせる直接的な原因は，1995 年 8 月末から実行された NATO の大規模空爆である．NATO はセルビア系に空爆を行い，地上では，ボシュニャク系，クロアチア系の軍事組織，そして主として両民族による政治体であるボスニア連邦と国家連合を組織していたクロアチアの軍隊がセルビア系に大攻勢をかけた．セルビア系はそれまで実効支配していたボスニアの領域を大きく縮小させ，休戦条約が結ばれるのである．NATO の空爆を正当化したのは国連安保理決議であった．しかし，その後，NATO は国連安保理決議ぬきでコソヴォ紛争において空爆を実行するのである．多国籍の軍隊が，標的とされた主権国家に対して，明確な正当化の国際的合意なしに，国際社会の名を借りて，圧倒的な軍事力で攻撃を加えるという事態は，その後に頻発している．こうした事態の先鞭をつけたのが，ボスニア紛争であった．

　紛争後の国家建設における国際社会の関わりという点でも，ボスニア紛争の

ケースは画期的であった．国際社会による紛争後復興は，紛争後のカンボジア
において既に着手されていたが，紛争後のボスニアでの実行後，国際社会主導
の国家建設は当然の前提になりつつある．更に，紛争中の犯罪を国際社会が裁
くという国際刑事裁判所も，東京裁判，ニュルンベルク裁判を別にすれば，旧
ユーゴスラヴィア国際刑事裁判所はルワンダ国際刑事裁判所と並んだ先例で
あった．その後に国際刑事裁判所は常設化され，ハーグに国際刑事裁判所が設
立された．

本書の意味と構成

　本書は，紛争後のボスニアにおいて，何が起きているかを多面的に取り上げ
たものである．進行中の場合には盛んに報道される大規模な軍事衝突も，終了
後に取り上げられることが少なくなり，それを様々な角度からまとめた研究と
なると，さらに数は少なくなる．しかしそれは，研究する意義の低下を意味す
る訳ではない．むしろ，大規模な軍事衝突が終了した後に何が起きているかに
ついて明らかにすることは，今後の同種の衝突終了後に生ずるであろう難題群
の存在やそれへの対処について，一定の示唆を与えてくれるものと考えられる
のである．

　本書の狙いはもう一つある．それについては，本書の構成を紹介しながら，
明らかにしていこう．第Ⅰ部は，ボスニアの政治制度の現状に関する考察を取
り扱う章から構成されている．月村が担当した第1章では，ボスニアの歴史と
独立後の政治制度が概観されている．デイトン体制と称される紛争後ボスニア
の政治制度は，紛争の再発を防止するために構築された．しかしその目的故
に，制度の変革が事実上できない状態にある．大場による第2章でも，そうし
た限界が指摘され，更にボシュニャク系，セルビア系，クロアチア系の三民族
による民族紛争としてのボスニア紛争の再発防止の構造がビルトインされたが
故に，そこで拾い上げられないイシュによる影響が顕在化しているという事態
が明らかにされている．

第Ⅱ部を構成する3章の筆者は，いずれもボスニアのみならず，ヨーロッパ以外の地域を考察の対象としている「政治学」の研究者である．そうした彼らが，ボスニアに触れて調査を行うことで，ボスニアの現状に関してどのような印象を持ち，どのような意見を開陳するのかについて，本書が成果報告書となる共同研究の研究代表者として非常に楽しみであった．第3章を担当した大串はラテンアメリカ研究者であり，ペルーとコロンビアで人権侵害と戦争犯罪の被害者への調査を行ってきた．大串によれば，ペルーとコロンビアと異なり，ボスニアでは，紛争当事者が異なった民族に帰属していることにより，被害と加害に関するダブルスタンダードが一層深刻になっているという．第4章を執筆した竹中は，インドを中心とした南アジアを研究対象としている．竹中によれば，武力介入と平和構築により「ボスニア・モデル」が誕生し，それがアフガニスタンやインドの紛争や紛争後社会にも大きな影響を与えている．この点は「まえがき」ですでに触れた記述と通底している．第5章を担当した本名は，東南アジア研究者である．第5章では，ボスニアとインドネシアにおける治安部門改革（国防改革）が取り上げられている．両国の国防改革の内容は異なるが，共に改革の成功と評価されている．しかし実態は旧来の既得権益が温存された結果の政軍関係の「安定」であり，評価の結果には，評価者側の政治的事情が絡んでいるのである．

　第Ⅲ部の筆者は，「政治学」以外のディシプリンを用いて，紛争後ボスニアの民族間関係を論じている．第6章では，文化人類学の研究者である窪田が，自身のフィールドであるオーストラリアの先住民のケースを参照しながら，紛争後和解の可能性を探っている．窪田によれば，和解における重要な要因は，批判的記憶の醸成と「脱領土化」であるという．特に前者に関して，大串論文による指摘との相違が興味深い．第7章と第8章では，社会心理学の研究者である熊谷と社会学研究者の上田，現地研究者が行った質問紙調査の結果が論じられている．まず，熊谷によれば，紛争後社会において目標とされる民族間の架橋的アイデンティティ構築の試みが，逆に民族的アイデンティティを強化し

てしまうという．他方で，上田は，紛争終了から数十年しか経たないうちに，紛争当事者の個人レベルにおいては，共生可能性が存在していることを明らかにしている．

　研究者における研究の「タコ壺状態」が主張されて久しい．同じディシプリンを駆使しながら異なる研究対象を有する研究者間の対話の試みはかなり行われるようになってきた．しかし，マルティディプシナリーな共同研究については，必要性が叫ばれながらも，なかなか実施できないというのが，実態であろう．この共同研究は，こうした現状に対して，些かなりともチャレンジするというプロジェクトであった．そこで明らかになったことは，研究対象を絞るならば，様々な対象地域やディシプリンの研究者の間でも，研究上の実効的な対話ができるという実感であった．今回の共同研究では，関係者間の対話を更に積み重ねて研究の統一性を高めることはできなかったが，この種の共同研究の更なる発展の可能性は明らかである．そして，何よりも，共同研究に参加した研究者がおのおの「ホームグラウンド」に立ったときに，そこに見えてくる「情景」が変わってくるのではないだろうか．この種の共同研究の醍醐味はそこにもあるのである．

　本書の内容から共同研究のヒントを得ることで，「異業種間」の共同研究への意欲が高まることを，本書の編者として，そして本共同研究の研究代表者として希望しているところである．

　最後に本書で使用している用語について補足していきたい．まず，ボスニアについてである．本書では，研究対象国家は「ボスニア」と表記されている．国家としてのボスニアの正式名称は日本語では「ボスニア・ヘルツェゴヴィナ」，英語では Bosnia and Hercegovina，現地語では Bosna i Hercegovina/Босна и Херцеговина である．（第1章でも少し触れているように）旧ユーゴの時代から現地語によるボスニアの正式名称は「ボスニアとヘルツェゴヴィナ」であった．我々が略称しているボスニアは，北部のボスニアと南部のヘルツェ

ゴヴィナに分けられ，両者はオスマン帝国時代には別々の行政区画として扱われたこともあった．

　次に本書に登場する民族の名称である．頻出する「ボシュニャク系」「セルビア系」「クロアチア系」とは，それぞれボスニアにおけるイスラム教徒のムスリム人，セルビア人，クロアチア人を指す．他方で「ボスニア人」とはボスニア国民を意味する．概念としての「民族」と「国民」は必ずしも明確に区別できないし，個別の名称に関しては日本語に翻訳する場合の慣用による問題もあるが，可能な限り，ボスニアにおける民族を指す「系」と「人」とは区別するようにしている．

編者　月 村 太 郎

目　次

まえがき

第Ⅰ部　ボスニアの過去と現在

第 *1* 章　多民族地域「ボスニア」における民族間関係の

　　　　　過去と現在　　　　　　　　　　　　　　　　　　　　3

はじめに──ボスニアと 20 世紀の国際政治──　　(3)

1　ボスニアの歴史　　(4)

2　ボスニアにおける多民族主義とグローバル化　　(14)

おわりに──21 世紀の「ボスニア」が我々に教えてくれること──　　(19)

第 *2* 章　デイトン憲法

　　　　　──構成民族の集団的平等と少数派の参政権──　　　25

はじめに　　(25)

1　デイトン憲法の特異な制定過程　　(26)

2　構成民族間の地位の平等　　(27)

3　デイトン憲法改正の展望　　(30)

4　構成民族の平等と選挙制度の問題に関わる主要な判例　　(32)

おわりに　　(41)

第 II 部　ボスニア紛争による教訓

第3章　ボスニア紛争の被害者と移行期正義
——インタビューからの考察——

49

は じ め に　(49)

1　ボスニア紛争の被害と移行期正義のダブルスタンダード　(50)

2　被害者へのインタビューに基づくこれまでの研究　(53)

3　インタビューの対象と方法　(54)

4　インタビューからみえること　(56)

お わ り に　(64)

第4章　人道的介入とジェンダー政治
——ボスニア紛争の南アジアへのインパクト——

69

は じ め に　(69)

1　ボスニア紛争のジェンダー政治へのインパクト　(69)

2　南アジアのジェンダー政治　(75)

3　「破綻しない国家」の人権侵害　(82)

お わ り に——紛争後社会のジェンダー改革——　(87)

第5章　国防改革の成功と代償
——ボスニアとインドネシアの考察——

93

は じ め に　(93)

1　ボスニアにおける国防改革　(94)

2　ボスニアにおける国防改革の限界　(96)

3　インドネシアの民主化移行と国防改革　　（103）

　4　インドネシアにおける国防改革の限界　　（107）

お わ り に　　（114）

第Ⅲ部　紛争後社会としてのボスニア

第6章　和解という道筋の可能性を考える　　121

は じ め に　　（121）

　1　人権，トラウマ，そして和解　　（122）

　2　真実和解委員会　　（127）

　3　オーストラリアの場合　　（129）

　4　ボスニアの場合　　（134）

お わ り に──和解が可能になる可能性──　　（140）

第7章　紛争後のボスニアにおける共通内集団
　　　　　アイデンティティが社会秩序に与える影響　　147

は じ め に　　（147）

　1　集団間の対立を促進する集団カテゴリーと抑制する共通内集団
　　　アイデンティティ　　（147）

　2　民族的アイデンティティと共通内集団アイデンティティが紛争
　　　後社会の再建と秩序への態度に与える影響　　（149）

　3　ボスニアにおける質問紙調査　　（152）

　4　民族的アイデンティティと共通内集団アイデンティティの関係に
　　　関する考察　　（159）

お わ り に　　（165）

第8章　現代ボスニアに民族間対立はあるか？　169

はじめに　（169）

1　民族意識に関する調査の概要と変数　（170）

2　分析の方法と結果　（172）

おわりに　（180）

あとがき　（183）

人名索引　（187）

事項索引　（188）

第 I 部

ボスニアの過去と現在

第 *1* 章

多民族地域「ボスニア」における
民族間関係の過去と現在

月村 太郎

はじめに——ボスニアと 20 世紀の国際政治——

　ボスニアはバルカン半島の中央に位置し，面積は 5.1 万 km²（九州の約 1.5 倍），2013 年の国勢調査によれば，国民の合計は 379 万人（ほぼ静岡県と同じ）という小国である．その民族構成は，ボシュニャク系（後述）50.11％，セルビア系 30.78％，クロアチア系 15.43％ となっている [URL①]．

　我々がボスニアと聞くと何を思い出すことができるだろうか．ボスニアを広く知らしめたのは 1990 年代のユーゴスラヴィア社会主義連邦共和国（以下，「旧ユーゴ」）解体に伴うボスニアの内戦であったであろう．典型的な多民族地域で生じたボスニア内戦では，各民族が単一民族地域を創出しようと他民族を攻撃した．「民族浄化」である [2]．冷戦時代が 1989 年／1991 年に終了し，国際関係の緊張感が暫時緩んだこの時期，しかも第二次世界大戦直後のギリシャを例外として冷戦時代の大規模な武力衝突とは無縁であったヨーロッパ（或いはその「軒先」）において起きた旧ユーゴ解体過程における武力衝突は，国際社会の注目を集めるところとなった．しかも，二つの大戦や冷戦と異なり，対立の焦点は集団的アイデンティティであった．「新しい戦争」である [Kaldor 2001]．

　こうした 20 世紀末の事件の場所となったボスニアでは，第一次世界大戦勃発の原因となったサライェヴォ（Sarajevo）事件も起きている．オスマン帝国の

南東方向への撤退，それによって生じた「権力の真空」を埋めようとするロシアの南進とハプスブルク帝国の東進という基本的な構図を有する「東方問題」は，当時の最大の国際問題であった．ハプスブルク帝国の君主の推定継承者であったフランツ・フェルディナント（Franz Ferdinand）が，ロシアをパトロンとするセルビアの軍部と関係の深いボスニアのセルビア系青年によって，イスラーム教徒が多数派を占めるサライェヴォで暗殺されるという「サライェヴォ事件」は，まさに「東方問題」の構図の縮図でもあった．バルカン地域は「ヨーロッパの火薬庫」としばしば称せられてきたが，ボスニアはその導火線でもあったのである．

イギリスの歴史家であるエリック・ホブズボームは，1914 年から 1991 年を「短い 20 世紀」と表現しているが［Hobsbawm 1994］，「サライェヴォ事件」は 1914 年 6 月 28 日に起き，第一次世界大戦勃発に繋がり，1991 年はボスニア紛争発生の前年，既に民族主義者間の関係が先鋭化していた年である．まさにボスニアは「短い 20 世紀」の最初と最後を区切る事件の舞台であった．

本書で取り上げるボスニアの通史一般については，既に多くの日本語文献でも知ることが可能である[3]．本章では，民族間関係に特に留意しつつ，ごく簡単にボスニアの政治史を振り返り，その後にボスニアの現状を明らかにする．最後に「ボスニア」が我々に教えてくれることを記して，本章を終わりとしたい．

1　ボスニアの歴史

ボスニアの歴史は，中世独立国家時代，オスマン帝国，ハプスブルク帝国，ユーゴスラヴィア（王国及び旧ユーゴ）にそれぞれ帰属していた時代，そして 1992 年の独立以後と区分することできる．

(1)　中世独立国家時代とオスマン帝国時代

中世のバルカン地域においては，ビザンチン帝国が次第に国力を衰えさせる

にしたがって，ブルガリア，クロアチア，セルビア，さらにはハンガリーが時代毎に版図を拡大させていた．6世紀頃からスラヴ系が定住し始めたボスニアは，山がちであるために中央集権的な政治権力が発展することが難しく，地方貴族が割拠するという状態であった．それでも，14世紀に入ると統一国家としてのボスニア王国が確立されていった．しかし，14世紀半ばからは，オスマン帝国がバルカン地域に進出を開始する．この動きは中央アジアからのティムール（Timūr）のアナトリア侵攻により一時中断するが，その後に再び進撃するオスマン帝国軍に対して，当時のバルカン地域の雄であるセルビア諸侯などの連合軍が1389年6月28日のコソヴォの戦いで大敗するなど，オスマン帝国の動きを阻止することはできなかった．15世紀末には，ボスニアの全土がほぼオスマン帝国領となった．

　イスラーム教スンニ派を国教とするオスマン帝国の統治には，「剣かコーランか」（すなわち，戦闘か改宗か）などと流布されているイメージが一般的であるかもしれない．しかし，実際には領内の非イスラーム教徒，特に「啓典の民」に対する支配システムは，ミッレト制[4]と呼ばれ，一定の制限こそあれ，人頭税さえ支払えば信仰が許され，さらにそれぞれの宗教共同体に，日常生活レベルの自治が与えられていた [鈴木1992；新井2001；林2008]．

　さらに，オスマン家こそトルコ系の家系であったが，多民族国家であったオスマン帝国では，改宗さえすれば，重用されることも多々あった．キリスト教徒の子弟をイスラーム教に改宗させて，官僚機構や常備軍歩兵部隊の中核としての役割を果たさせる制度も存在していた．後者はイェニチェリ（Yeniçeri）と呼ばれ，妻帯こそできなかったが，多くの特権を付与されていた．また，オスマン帝国における最高の官職である大宰相には，トルコ人のみならず，他の民族出身者が多く就いている．なかでも，オスマン帝国の最盛期であったスレイマン1世（Süleyman I），その後のセリム2世（Selim II），ムラト3世（Murad III）と三代のスルタンの治世にわたり，1565年から1579年まで仕えたソコルル・メフメト・パシャ（Sokollu Mehmed Paşa）はボスニア生まれであったとさ

れる.

こうしたオスマン帝国の統治システムは,国力の衰退にしたがって次第に混乱してくる.特にイェニチェリは,その立場が既得権益化する一方で,もはやヨーロッパ大国の軍隊と対抗できないことが明らかになり,一種の暴力集団としてスルタンの権威に対抗していく.さらに,地方では徴税請負などに従事したり,大地主となったりする在地の有力者が生まれ,ときには中央政府から派遣される知事や総督と並ぶ権力を有するようになっていくのである.

ボスニアの農民の間では,こうした事態に不満が高まっていった.特に1870年代には干魃が相次ぎ,一部では飢饉も発生している中で,オスマン中央政府が人頭税の増税を決定したのである.1875年夏,ボスニア南部のヘルツェゴヴィナにおいて,農民反乱が発生した.当初の対立の軸は,経済であった.しかし,支配層にイスラーム教徒が多かったことから,反乱がヘルツェゴヴィナから,正教徒が多く住むボスニア中部や北部へと拡大していくにしたがって,宗教を軸とする対立へと変化していくのである.そして,オスマン帝国内の自治公国である正教徒国家のセルビアやモンテネグロが,1876年にオスマン帝国に宣戦布告を行った.

さらに,バルカン地域への南進を狙うロシアが,正教徒保護を口実に1877年4月にオスマン帝国に宣戦布告した.露土戦争である.戦後の1878年7月に結ばれたベルリン条約によって,ボスニアはハプスブルク帝国に軍事占領されることとなった.また,セルビアとモンテネグロは独立を果たした.

(2) ハプスブルク帝国時代

ハプスブルク帝国は,帝国政府とハンガリー政治家代表との間で1867年に締結されたアウスグライヒ(Ausgleich)によって,オーストリア帝国とハンガリー王国から構成される同君連合となっていた.オーストリアとハンガリーは,君主(オーストリア皇帝兼ハンガリー国王),外交,国防,それらに関する共通財政をはじめとする幾つかの業務や機関を共有する一方で,内政の殆どは両国

の政府に委ねられていた.

　軍事占領されることになったボスニアは，したがって，オーストリアかハンガリーのどちらかの帰属となるはずであったが，多くの南スラヴ人を抱えるボスニアを目国の領土に加えることには，オーストリアもハンガリーも反対であった．オーストリアでは，ボスニアの帰属をめぐって，君主のフランツ・ヨーゼフ1世（Franz Joseph I）と首相のカルル・アウエルシュペルク（Carl von Auersperg）が激しく対立した結果，後者が首相を解任される程であった．これに対して，ハンガリー国内で独自の自治を認められていたクロアチアの総督であったイヴァン・マジュラニッチ（Ivan Mažuranić），軍事占領直後のボスニアで軍司令官を務めたヨシプ・フィリポヴィッチ（Josip Filipović）は，ボスニアのハンガリーへの併合を求めた．両者はともに，南スラヴ系民族に属するクロアチア系であり，その民族地域の統一を願っていたのである．しかし，ハンガリー首相のティサ・カールマーン（Tisza Kálmán），首相経験者で当時のハプスブルク帝国最高の官職である外相のアンドラーシ・ジュラ（Andrássy Gyula）はともに否定的であった．現地ボスニアにおいても，ハプスブルク帝国による軍事占領に反対するオスマン帝国軍，さらにイスラーム教徒住民に加えて正教徒も各地で反抗し，それらへの鎮圧が終了したのは1878年末のことであった.

　現地の事情を勘案し，ハプスブルク帝国による軍事占領は，共通業務に関する財政を担当する共通財務省によって管轄されることになり，1882年6月に共通財務相に就任したカーライ・ベーニ（Kállay Béni）の下で，本格的なボスニア占領行政が開始された．現地行政のトップには軍司令官が総督として立ち，実質的な行政は文民である副官が担当することになった．ボスニアの行政単位は6行政区と4自治都市に分けられた.

　カーライは，隣国セルビアからのセルビア民族主義，同じく隣接するハンガリー内からのクロアチア民族主義に対抗すべく，ボスニア全体を架橋する共通の集団的アイデンティティ（bošnjanstvo）の構築に努めた．ボスニアにおける3民族では言語的相違が殆ど意識されておらず，各集団的アイデンティティが主

に宗教に基づいていたものを，共通の世俗的なアイデンティティに変えていこうとしたのである．しかし，カーライの政策は失敗した．すなわち，集団的アイデンティティは世俗化への動きこそ見せたが，架橋的なアイデンティティは創出されなかったのである．カーライは在職のまま 1903 年 7 月に死去し，後任の共通財相のブリアーン・イシュトヴァーン（Burián István）はボスニア政策を転換させた．その結果，民族毎に政党が結党されることになった．1908 年10 月，ハプスブルク帝国外相アロイス・エーレンタール（Alois Lexa von Aehren-thal）は，オスマン帝国における「青年トルコ党革命」による混乱を理由に，ボスニアの軍事占領を併合へと変更することに成功した．しかし，これがセルビア民族主義を刺激するのである．

　オブレノヴィッチ（Obrenović）家出身の国王を戴くセルビアの対外政策はハプスブルク帝国寄りであったが，セルビア国民の多くはそれに不満を持っていた．政府・軍部にもそれに同調する動きがあり，1903 年 6 月には一部の軍部若手により，セルビア国王アレクサンダル 1 世（Alexander I）が暗殺された．オブレノヴィッチ家はこれで断絶し，セルビア国王は，カラジョルジェヴィッチ（Karađorđević）家出身のペータル 1 世（Petar I）となった．対外政策は親ロシア路線に転換し，これに反発したハプスブルク帝国は経済制裁を仕掛けるなど，両国間の関係は緊張していた．

　こうした状況下でのボスニア併合は，ボスニアのセルビア系，特に青年層の間でハプスブルク帝国への反発を呼び，それをセルビア軍が支援するという構図が生まれた．そして，1914 年 6 月 28 日，ハプスブルク帝国君主の推定継承者であるフランツ・フェルディナントがその妃とともに，ボスニアのセルビア系秘密結社のメンバーによって暗殺されたのである．

　前述のように，1389 年 6 月 28 日には，コソヴォの戦いが行われていた．セルビアはこの戦いに敗れ，その後にオスマン帝国支配下に入ることになる．オスマン帝国に替わるセルビア民族の敵であるハプスブルク帝国の次期「君主」が，525 年後の 6 月 28 日にセルビア民族主義者によって殺されたのである．

(3) ユーゴスラヴィア（王国，旧ユーゴ）時代

　サライェヴォ事件を発端とする第一次世界大戦の結果，ハプスブルク帝国は解体された．ボスニアは戦後に建国されたユーゴスラヴィア王国（以下，王国）の一部となった．しかし，王国は当初の名称が「セルビア人・クロアチア人・スロヴェニア人王国」であることからも理解されるように，求心力に非常に欠けていた．国土は，旧ハプスブルク帝国のオーストリア領，ハンガリー領それぞれの一部，それにハプスブルク帝国共通財務省の管轄下にあったボスニアに加えて，独立国家セルビアとモンテネグロの領土から構成されており，経済・社会的状態に地方差があり，また多民族性も著しかったのである．

　王国では，中央政府を牛耳ろうとするセルビア系政治家とそれに反発するクロアチア系政治家との対立が激しく，数に劣る後者が制憲議会をボイコットしたために，全土を33の県に分ける中央集権的な憲法が1921年6月に可決された．憲法制定後も民族対立を軸とした政治的混乱は続き，カラジョルジェヴィッチ家出身の国王アレクサンダル1世（Alexander I）は1929年1月に憲法を停止し，独裁制を導入したのである．

　王国の他の地方に比較して多民族性が高かったボスニアにおいては，当初から民族政党間競合が激しかった．1920年11月の憲法制定議会選挙においては，ボスニア選出議員の数は，ユーゴスラヴィア・ムスリム組織24，農業者連合12，セルビア急進党11，クロアチア労働者党7，ユーゴスラヴィア共産党4，クロアチア人民党3，セルビア民主党2となっており［Imamović 2003：290-291］，多民族的性格が強い政党は，農業者連合と共産党のみであった．しかも前者は寄せ集めであり，後者は1921年に非合法化されたのであった．

　アレクサンダル1世は1929年10月に国名を王国へと改名するとともに，地方行政機構を9つの州と首都ベオグラードへと纏めることで国家的統一性の強化を図った．他方で，各州間の線引きはセルビア系が民族的多数派となるように意図されていた．ボスニアも4州に分割され，セルビア系が地方行政に進出していった．

国王アレクサンダル1世は，王国の「セルビア化」に反発したマケドニアの
テロ組織やクロアチアの極右組織ウスタシャ（Ustaše）によって1934年10月
に暗殺された．1939年8月に，王国政府とクロアチア系の政党の間で妥協が
成立し，広範な自治を有するクロアチア州が設立されることになり，ボスニア
でクロアチア系が多数居住する地域はここに含まれることになった．その後，
日独伊三国同盟への加盟を最終的に拒否した王国は，1941年4月に加盟国の
ドイツ，イタリア，ハンガリー，ブルガリアによる侵攻を受け，国土が分割さ
れた．ボスニアは，ウスタシャによるドイツの傀儡国家，クロアチア独立国に
含まれることとなった．

旧王国領では，クロアチア独立国内のジェノサイドや占領当局への抵抗，内
戦などにより，犠牲者は100万人に上った．旧王国領の再統一は，ヨシプ・ブ
ロズ・ティトー（Josip Broz Tito）率いる共産党によってなされることになる．
共産党は解放地域を結集してユーゴスラヴィア人民解放反ファシスト会議を組
織した．1942年11月の第1回はビハチ（Bihać），1943年11月の第2回はヤイ
ツェ（Jajce）と，いずれもボスニアの都市で開催された．第2回会合では臨時
政府も樹立された．ボスニアは，ユーゴスラヴィア復活の根拠地となったので
ある．

第二次世界大戦後，ユーゴスラヴィアは共産党の指導下，ユーゴスラヴィア
連邦人民共和国（1963年4月に旧ユーゴに改称）として再建された．連邦制を採用
していた旧ユーゴにおいて，ボスニアはスロヴェニア，クロアチア，セルビ
ア，マケドニア，モンテネグロとともに人民共和国（連邦の改称とともに社会主義
共和国と改称）として加わったのである．

王国が民族対立を主たる原因として内部崩壊し，多数の犠牲者を出したこと
を教訓として，旧ユーゴでは多民族主義が強調されていた．そしてボスニア
は，旧ユーゴにおいて特に注目されるべき事例であった．その理由として，前
述のように第二次世界大戦中のボスニアが旧ユーゴの「揺籃の地」であること
に加え，その民族構成を指摘することができる．すなわち，ボスニア以外の5

つの共和国には，いずれも絶対的多数を占める民族が存在し，各共和国の名称はそれぞれ最大多数の民族名が冠せられている．しかし，ボスニアにはそうした「冠民族」が存在しないことに加え，旧ユーゴにおいて民族として承認されていたセルビア系ともクロアチア系とも異なる集団的アイデンティティを有するイスラーム教徒が存在しており，しかも彼らが最大の人口規模を有したのである．そもそも正式の共和国名が「ボスニアとヘルツェゴヴィナ」であり，ボスニア全体の統一的な地域的アイデンティティも歴史的に存在してこなかった．

ユーゴスラヴィア共産党は，イスラーム教徒を独自の民族として承認することはしなかった．1945年11月の制憲議会において，ボスニア代表によって，その存在を認めるよう主張されることもあったが，同意は得られなかった．

他方で，イスラーム教徒の民族的帰属を全く無視することもできず，国勢調査の際には，ボスニアのイスラーム教徒を主な対象とする，民族的帰属に関する回答の選択肢が設けられた．すなわち，「帰属を明らかにしないイスラーム教徒＜Neopredeljeni muslimani＞」(1948年)，「帰属を明らかにしないユーゴスラヴィア人＜Jugoslaveni neopredeljeni＞」(1953年) である[5]．

その後の国勢調査の際に民族としてのイスラーム教徒（ムスリム系）が承認されたが，注釈つきであった．すなわち，「ムスリム系（エスニックな帰属）＜Muslimani (etnička pripadnosti)＞」(1961年)，「少数民族の意味でのムスリム系＜Muslimani u smislu narodnosti＞」(1971年) である．注釈抜きの「ムスリム系」が認められたのは，1981年の国勢調査においてであった．しかし旧ユーゴ時代には，ボスニアという名称を付する民族の存在はとうとう最後まで認められなかった．

(4) 独立以後

多民族主義を重視していた旧ユーゴは，1980年5月のティトー死去以後に行き詰まり，着実に解体への道を歩んでいった．「歴史の後知恵」とは言え，

政治的資源としての多民族主義の価値が低下したときに，（自）民族主義を政治利用する政治家が生まれることは，当然であったかもしれない．旧ユーゴでは，セルビアのスロボダン・ミロシェヴィッチ（Slobodan Milošević）が民族主義の政治利用の先鞭を付け，クロアチアのフラニョ・トゥジマン（Franjo Tudman）もそれに劣らず民族主義に拘る政治家であった．ボスニアでも，ボスニア初代大統領のアリヤ・イゼトベゴヴィッチ（Alija Izetbegović）を始めとする多くの政治家が民族主義を掲げているのである．旧ユーゴの国家解体過程における最悪の武力紛争を経験してボスニアは独立国となった[6]．

　ボスニア内戦は「デイトン合意」によって終了したために，独立後のボスニアの統治体制はしばしばデイトン体制と言われる．そしてデイトン体制における国内統治システムは，憲法としての「デイトン合意」付属書Ⅳによって定められている[7]．国内統治システムは，アーレンド・レイプハルトによる「多極共存主義」（cosociationalism）[Lijphart 1977]の要素が色濃い「パワー・シェアリング」（power sharing）と連邦制による権力分割（power dividing）とを組み合わせた独特のシステムを有しており[8]，特に前者はその後の多くの和平合意にも採用されている．

　デイトン体制については本書の他の章でも触れられているし，筆者もボスニアの「パワー・シェアリング」と連邦制に既に考察しているので[月村 2015；2016]，ここではごく簡単に紹介しておく．まず，元首は大統領評議会の議長が務める．3人からなる大統領評議会のメンバーは主要3民族であるボシュニャク系，セルビア系，クロアチア系（「構成民族」と規定されている）をそれぞれ代表して4年ごとに選挙され，議長には各メンバーが輪番制で就任する．次に，ボスニアの国土は，ボスニア・ヘルツェゴヴィナ連邦（以後，ボスニア連邦）とスルプスカ共和国（セルビア人共和国）に二分され[9]，2013年の国勢調査によれば，民族構成は，前者ではボシュニャク系70.40％[10]，クロアチア系22.44％，セルビア系2.55％，後者ではセルビア系81.51％，ボスニア系13.99％，クロアチア系2.41％となっている[URL①]．ここから分かるように，ボスニアの連

邦構成単位（ボスニア憲法では「構成体」（エンティティ，英語では etntity，ボスニア語 entitet）とされる）であるボスニア連邦とスルプスカ共和国について，内戦中の民族浄化の影響もあり，ボシュニャク系とクロアチア系は前者，セルビア系は後者，とかなり棲み分けが進んでいる．連邦政府は，その所轄事項が憲法において非常に限定的に列挙されており，内政の権限を殆ど有していない．ボスニア連邦はさらに 10 の構成単位（ボスニア語では kanton，クロアチア語では županija，以下，「カントン」）に分かれており，日常の内政に関する実権はカントンに握られている．そして，ボスニア連邦のカントンやスルプスカ共和国の政府や議会には権力共有原理が導入されていない．他方で，皮肉なことに，中央レベルで民族別の権力共有が徹底していることは，民族間の境界の強化にも繋がっている．

　ボスニアの国内政治は，デイトン体制において「パワー・シェアリング」と連邦制が組み合わされた結果，制度的にも民族主義的な要因が固定化されているとも言えるのである．ボスニアの国内政治は内戦を終わらせた「デイトン合意」によって「拘束衣」を着させられたまま，動きが取れないのである．[11]

　民族主義は，「デイトン合意」後もボスニアの政治的基調を構成している．これまでにボスニア議会下院選挙が 9 回[12]，構成体レベルではボスニア連邦議会下院選挙が 8 回[13]，スルプスカ共和国議会選挙が 10 回行われてきた．独立後の政党政治の変遷については他に譲り［久保 2003 b；2017；月村 2009；2023］，最新のボスニア議会下院選挙の結果を簡単に見ておこう．選挙は 2022 年 11 月 2 日に実施された．選挙の結果は，やはり民族主義政治の色合いが濃く出たものだった［URL④］．民族主義政党の「老舗」，ボシュニャク系の民主行動党，セルビア系の独立社会民主同盟とセルビア民主党，民主進歩党，クロアチア系のクロアチア民主同盟はいずれも健在である上に，民族主義的な小政党も存在している．これに対してボスニア社会民主党を始めとする多民族主義的な政党はいずれも停滞気味である．[14]

2 ボスニアにおける多民族主義とグローバル化

(1) ボスニアにおける民族間関係管理の変遷

　多民族地域における民族間関係の方策を分類するに際して，最初に考えるべきは，多民族性を解消するか，維持するかという基準である．多民族性を解消するとすれば，さらに，① 複数の民族を架橋する新たな集団的アイデンティティを創出する，② 既存の特定の集団的アイデンティティを他に拡大する，という二つの立場が考えられる．かつて，ドナルド・ホロウィッツは，民族間関係の変動について，以下のように分類した [Horowitz 1985 : 65].[15]

　　Assimilation「統合」
　　　　Amalgamation「融合」: A + B → C
　　　　Incorporation「包摂」: A + B → A
　　Differentiation「分化」
　　　　Division「分裂」: A → B + C
　　　　Proliferation「増殖」: A → A + B

　このホロウィッツの類型によれば，①は「融合」，②は「包摂」に当てはまる．

　多民族性を維持するとすれば，③既存の民族を維持する，④それまでの民族の数を増加させる，という立場がある．ホロウィッツの類型は民族間関係の変動に関してであるから，③はどれにも当てはまらないし，④では「分裂」と「増殖」，さらに両者を混合させたケースがある．

　さて③の立場に立ったとしても，それが民族間の平等を自動的に保証することはない．むしろ，植民地状態に見られるように，複数の民族間の関係が「支配－従属」であることが歴史的には普通であった．民族間の平等が必要である場合に，絶対的な権力者がそれを保証するというケースが考えられるかもしれ

ない．しかし，民主制が当然の議論の前提とされる現代においては，集権化された権力の支配下における民族間の平等の保証というシステムは如何にも馴染まないし，それが継続され得るという前提も当然視できない．したがって，民族間の平等の保証には，民族やそれに代わるアクターへの分権が必要とされるのである．レイプハルトが，分権の基本的な形態として「パワー・シェアリング」と権力分割を挙げていることは既に触れたが，実例は少ないとはいえ，文化的自治も存在する．文化的自治とは，分権の内容を領域と文化という二つの次元に分け，文化的共同体としての民族に関わる自治の内容の決定権については，民族に分権するという考え方である．

　ボスニアにおいては，多民族地域における民族間関係の対応に関して，これまで様々な方策が試みられてきた．以下，ホロウィッツの類型も利用しながら，ここまで紹介してきたボスニアの対応の事例を整理してみよう．

　(i)　既存の集団的アイデンティティ間関係の変化
　　i)　架橋的なアイデンティティの構築（ホロウィッツによる「融合」）
　　　　ハプスブルク帝国時代のカーライの政策
　　　　旧ユーゴ時代のユーゴスラヴィア人形成の試み[16]．
　　ii)　特に集団的アイデンティティの消滅（ホロウィッツによる「同化」やさらには他の集団の成員に対する当該領域からの物理的排斥[17]）
　　　　クロアチア独立国時代におけるウスタシャによる虐殺
　　　　1990年代の内戦における「民族浄化」
　　iii)　集団的アイデンティティの数の増加（ホロウィッツによる「分裂」と「増殖」）
　　　　旧ユーゴ時代のムスリム系の承認（「分裂」と「増殖」の混合）
　(ii)　既存の集団的アイデンティティ間関係の維持
　　i)「支配―従属関係」
　　　　ミッレト制（イスラーム教徒と非イスラーム教徒）

王国時代，特に 1929 年の州制度導入後のセルビア系と他の民族

ii）「パワー・シェアリング」

デイトン体制におけるボスニア中央，ボスニア連邦

iii）連邦制

デイトン体制におけるボスニアの構成体への二分割

ボスニア連邦におけるカントン制

以上から，多民族地域における民族間関係にどう対応するかについて，殆どがボスニアでは試みられていることが理解できる．しかしながら，本章の記述からも明らかであるように，ボスニアの歴史において多民族状態は常に存在していたが，変更するにせよ，維持するにせよ，内外の要因によって，それを安定的に管理することは困難であった．そして，紛争後ボスニアの多民族国家建設においても，それを混乱させている外部要因がある．グローバル化である[18]．

(2) 国際社会による紛争後ボスニアの国家建設

グローバル化の内容のひとつとして，越境する「ヒト・モノ・カネ」が激増している点が常に挙げられる．しかし，それらの越境によって生じる相互依存度の上昇は，これまでの我々の歴史における基本的なトレンドであった．「ヒト・モノ・カネ」は高い収益を上げられる場所に移動する傾向がある．それを主権国家が国境を通じて，ある場合には流入を，また別の場合には流出を堰き止めてきたのである．しかし現在，こうした政治と経済との関係が変化していることは確かである．

他方で，冷戦後に目立ってきたことは，民主体制の「移植」の試みである．冷戦時代においても同種の試みがなされてきたが，東側ブロックの存在によって，その拡大には限界があった．しかし，ソ連崩壊後，殆どの主権国家が民主体制を標榜しており，「移植」のやり方も，以前であれば経済的影響力やソフト・パワー，様々な「工作」を通じてなされようとしていたが，現在では，圧

倒的な軍事的優勢に基づく武力によって独裁政権が打倒され，その後に国際社会が国家建設を行うケースが見られるようになってきた．そして冷戦後，国際社会主導の紛争後国家建設は，まずは紛争後のボスニアから始まったのである．

国際社会主導の国家建設は治安部門と民生部門に大きく分かれ，それらはともにデイトン体制においてビルト・インされていた．治安部門については，「デイトン合意」付属書Ⅰにしたがって，NATO 主導の多国籍部隊である和平履行部隊（IFOR：Implementation Force）が 6 万人規模で組織され，1995 年 12 月から 1996 年 12 月まで派遣された．そして IFOR を引き継いだ平和安定化部隊（SFOR：Stabilization Force）が NATO 中心に組織された．2004 年 12 月まで派遣された SFOR は治安の改善に伴って減員され，ミッション完了時には 7 千人規模であった．その後の治安部隊は，EU 主導の EU 部隊（EUFOR：European Union Force Bosnia and Herzegovina）が担当し，現在では 600 人が派遣されている．規模の小ささからも理解されるように，EUFOR は，実際に治安維持任務に当たっていると言うよりも，EU がボスニアの治安維持に関与しているという象徴的な機能を果たしているのである[19]．

治安維持の主体が，NATO が象徴する国際社会から EU へとスムーズに移ったのに対して，民生部門ではそうした移行は円滑ではない．そもそも，治安部門と比較して，民生部門は，ボスニアの内政と非常に密接に関わっていることから，民生部門を担当する国際社会代表は，ボスニアの政治家と鋭い対立を起こすこともしばしばであった．

民生部門に関しては，「デイトン合意」付属書Ⅹにしたがって，合意の民政的側面の履行監視を担当する上級代表（High Representative）が設けられ，事務所（OHR：Office of the High Representative）も置かれた．上級代表及び事務所によって具体化される国際社会の方針を定めるのは和平履行協議会（PIC：Peace Implementation Council）であり，そこには EU 諸国に加えて日本，米国，ロシア，トルコなどの各国の代表，国連人権高等弁務官，国連難民高等弁務官や赤十字国際委員会，欧州評議会，欧州復興開発銀行といった国際機関や地域機構

の代表が参加している．和平履行協議会は 1997 年 12 月のボンにおける会合において，ボスニアの「和平」を阻害する動きを阻止する権限を上級代表に与えた（「ボン・パワー」）．その例としては，カルロス・ウェステンドルプ（Carlos Westendorp）上級代表によるスルプスカ共和国大統領ニコラ・ポプラシェン（Nikola Poplašen）解任（1999 年 3 月），パディ・アシュダウン（Paddy Ashdown）上級代表による大統領評議会メンバー（クロアチア系枠）ドラガン・チョヴィッチ（Dragan Čović）解任（2005 年 3 月）などがある．しかし，現地政治家にとって強権的な介入と理解される「ボン・パワー」は，アンチ上級代表の動きを作り出し，それが政治的影響を持つに至るのである．それに代わって，主張されたのが現地政治家の和平履行への主体性を求める「オーナーシップ」アプローチであった．

　他方で EU は，EU 加盟に絡めて，ボスニアにおける国家建設をより主体的に進めるようになっている．EU 理事会は 2011 年 7 月に，それまで上級代表が兼ねていた EU ボスニア特使の任命を行い，それと同時に，EU 代表部大使が EU ボスニア特使を兼任することになった．EU 代表部のマンデートが EU 政策の提示・説明・実施，国内の政策・発展に関する分析と報告，それらに沿った交渉であり，EU ボスニア特使，EU ボスニア特使事務所のマンデートは，ボスニアの EU 加盟プロセスの継続に向けた政治的支援の強化である［URL ⑤］．マンデートの内容から理解されるように両者の関係は「コインの表裏」であり，両者を同一の主体が推進していくことは，両者のマンデート実行の効率化に繋がる．しかし，他方でそのことは，上級代表のプレゼンスの低下を招くのであった．

　ボスニアの EU 加盟プロセスについては，安定化・連合協定が 2008 年 6 月に正式に調印され，発効したのが 7 年後の 2015 年 6 月，加盟申請は 2016 年 2 月に行われた．欧州委員会は，EU 加盟候補国の地位のボスへの供与を 2022 年 10 月，さらに条件付きながら加盟交渉の開始を 2023 年 11 月に勧告した．また，NATO についても，平和へのパートーナーシップが 2006 年 12 月，加盟行動計画が 2018 年 12 月に結ばれている．

おわりに——21世紀の「ボスニア」が我々に教えてくれること——

　本章では，これまでボスニアにおける民族間関係の歴史，そして民族間関係を扱う様々な方策について整理してきた．そして，第二次世界大戦終了後のヨーロッパにおいて未曾有の惨事となったボスニア内戦（1992年～1995年）後のデイトン体制とそれを構築・支援する国際社会の動きについても触れてきた．

　デイトン体制は，「パワー・シェアリング」と権力分割を組み合わせた複雑な分権システムである．特に国家レベルの「パワー・シェアリング」においては，ボスニアの「構成民族」に対して，実質的な相互拒否権を与えるなど，特定な民族が不利にならないように配慮がなされている[20]．こうしたリベラルな配慮は尊重されて然るべきだが，拒否権が乱発されれば，政治過程は麻痺することになる．乱発しなくとも，そうした状態の現出が予想されるならば，各民族の代表が相互拒否権を「切り札」として留保するために，現状変革の動機付けは低下するであろう．

　ボスニアにおいても，現状を改革して政治発展・経済成長を求める要求は高い[21]．しかし，「拘束衣」を着せられた上に「パトロン＝クライアント」関係に絡め取られているボスニアにとって，現状の抜本的変革は，たとえ可能だとしても非常にコストが高い．そうなれば，現状に不満と不安を有する，特に若者が選ぶ選択肢は，リスクとコストを伴う改革を目指すことではなく，国外へ脱出することである．IMFの試算によれば，ボスニアの人口は年々減少している[22]．国外に脱出していった人々は能力と思考において脱出可能であったが，国内に残ったのは脱出したくない，脱出したくともできない人々である．経済的に貧しい祖国に残った人々の多くは欲求不満を有し，それを煽動する政治家が存在する［Krastev 2017］．その際に政治家が容易に政治利用できる資源は，民族主義である．

ボスニアの事例から，20世紀末の国際社会による紛争後多民族国家の建国というリベラルな考え方が，21世紀のグローバル化の勢威の前に色あせていく姿が如実に明らかになっている．ましてや，ボスニア内戦後に世界で戦争や災害が相次ぎ，国際社会のボスニアに対する関心，それによる支援は低下するばかりである．国際社会による支援なしには，ボスニアはグローバル化の勢い[23]に流されていくだけである．

グローバル化の進展に伴う国内の不満の高まりが，ボスニアだけでなく世界各国で見られることは言うまでもない．そして現在においては，自身の利益を優先しようと主張する乱暴な意見が，国際社会のレベルにおいても，国内社会のレベルにおいても急伸していることは明らかである．

ボスニアの民族間関係を通してまず理解されることは，社会において「我々」と「奴ら」が分かれること／を分けること，すなわち「彼我化」が如何に容易であり，さらに両者間の関係性が「友敵化」されることが如何に簡単かであったか，ということである．人々は，ときにそれを利用し／それに利用され，ときにそれを克服しようと試みてきた．現在のボスニアを概観する限り，そして国際社会や各国の動きを鳥瞰する限り，克服の試みが成功する可能性は低いと言わざるを得ないのである．

注

1）「民族」とは，対象とする文脈や論者によって様々に使用される．本章では「民族」について詳述することが主たる目的ではないので，「民族」を「文化的共同体」の同義語として使用する．オスマン帝国についても，多民族というよりも多宗教と表現した方がより正確であると考えるが，本章では多民族国家として扱うことにする．

2）最も民族浄化を行った民族はセルビア系とされるが，程度の差こそあれ，イスラーム教徒（後述のボシュニャク系）もクロアチア系も民族浄化や少なくともそれに類する行為に手を染めている［Naimark 2001］．他方で，民族浄化に反対して他民族との友好関係を維持したり，他民族を守ろうとしたりした人々が多くいたことは，改めて指摘するまでもない．

3）例えば，Donia and Fine［1994］，柴［1996］，柴編［1998］，Mazower［2000］．

4）「啓典の民」とは，イスラームのクルアーンより前に神により啓示された聖典を持つ宗教（おもにユダヤ教，キリスト教）を信仰する人々を指す．

5）選択肢の文言については，Savezni zavod za statistiku, Socijalistička Federativna Republika Jugoslavija, ed.［1989：45］.

6）こうした経緯については，月村［1994；2006］，久保［2003 a］，佐原［2008］など

7）付属書Ⅳの英語原文は URL②.

8）両者に分権システムの基本的な2つの形態であり，そもそも分権の原理が異なるものであることは指摘しておきたい［Lijphart 1999］.

9）その他に，国際管理されている領域として，ブルチュコ（Brčko）地区がある．

10）それまでムスリム系とされてきたボスニアのイスラーム教徒は，1993 年9月に政府や政党関係者，知識人たちが集まった会議において，民族名称をボシュニャク（Bošnjak）系とすることを宣言した［齋藤 2001：127］.

11）サライェヴォ大学政治学部エシュレフ・ラシダギッチ（Ešref Kenan Rašidagić）教授の発言による（2018 年9月のサライェヴォ大学政治学部における筆者によるインタビュー）.

12）ボスニア憲法第4条によれば，ボスニア議会上院議員はそれぞれの構成体議会によって選出される［URL②］.

13）ボスニア連邦憲法ⅣA 第9条によれば，ボスニア連邦議会上院議員は各カントン議会によって選出される［URL③］.

14）民族主義，多民族主義の別なく，これらの政党の選挙基盤においては各政治家の「パトロン＝クライアント関係」が大きな影響力を占めている．各政党の得票数が，それぞれの政治的主張によるものだけではないことは，少なくとも明らかであり，この点に関する更なる考察は別の機会に行いたいと考えている．

15）ここでの日本語訳は変動の内容を重視している．例えば，原文の Assimilation は通常は「同化」と訳されることが多いが，変動内容に沿って「統合」と訳してある．

16）ユーゴスラヴィア人形成の試みは，ボスニアのみに関わるわけではないので，本章では記述を省略した．旧ユーゴ時代には国家全体のアイデンティティ構築に向けて，ユーゴスラヴィア人が提唱された．旧ユーゴ時代の 1981 年の国勢調査によれば，ユーゴスラヴィア人はボスニア住民の 7.9％ を占めた［月村 2006：281］.

17）代表的なものには，ジェノサイド本来の内容を有するホロコースト，住民の強制交換などがある．

18）他方で，グローバル化した国際社会によって，紛争後ボスニアの国家建設が試みられてきたのも事実である．

19) ボスニアの治安を担うべき警察機構は，行政機構一般の組織と同様に非常に複雑であり，国家警察，構成体の警察（ボスニア連邦警察，スルプスカ共和国警察），さらにボスニア連邦には 10 のカントン毎に警察が組織されている．したがって，あるカントンで起きた刑事事件の実行者がカントン間の境界を越えると，隣のカントンの警察の担当となり，両カントン内務省下にある警察間の調整が必要となる．さらに，あるカントンの刑事事件の実行者がスルプスカ共和国領内に逃げると，両構成体間の調整が求められるのである．

20) 他方で，本書の大場論文で明らかにされているように，「構成民族」とそれ以外の民族の間には明確な線引きがなされている．

21) 例えば，政治腐敗の一掃や生活の改善を求めて 2014 年 2 月に中部のトゥズラ（Tuzla）で始まった混乱は，サライェヴォやモスタル（Mostar）を始めとするボスニア連邦各地に拡大した．

22) その傾向は，EU のビザ免除（2010 年 12 月）以降顕著となり，それまでほぼ横ばいであった人口（1996 年に 378 万人，2010 年に 372 万人）が急速に減少している（2018 年は 350 万人）．ただ，下げ幅は年々縮小しており，脱出可能な人々の多くは既に脱出してしまったとも言える．[以上，URL⑥]

23) ボスニアの高官は，戦争や災害を被った後の国家が国際社会からの支援を競う姿を，「競争状態にある危機」（crisis in competition）と述べている．

◈参考文献◈

＜日本語文献＞

新井政美 [2001]『トルコ近現代史──イスラム国家から国民国家へ──』みすず書房.

久保慶一 [2003 a]『引き裂かれた国家－旧ユーゴ地域の民主化と民族問題』有信堂.

────── [2003 b]「デイトン合意後のボスニアにおける選挙と民族問題」『ロシア・東欧研究』31.

────── [2017]「ボスニア・ヘルツェゴヴィナ」，月村太郎編『解体後のユーゴスラヴィア』晃洋書房.

齋藤厚 [2001]「『ボスニア語』の形成」『スラヴ研究』48.

柴宜弘 [1996]『ユーゴスラヴィア現代史』岩波書店.

柴宜弘編 [1998]『バルカン史』山川出版社.

佐原徹哉 [2008]『ボスニア内戦──グローバリゼーションとカオスの民族化──』有志舎.

鈴木董 [1992]『オスマン帝国──イスラム世界の「柔らかい専制」──』講談社.

月村太郎［1994］「多民族国家における統合と解体」『年報政治学 1994』.

────［2006］『ユーゴ内戦──政治リーダーと民族主義──』東京大学出版会.

────［2009］「多民族国家建国の困難－ボスニアを例として」『同志社政策研究』3 号.

────［2015］「多極共存型パワー・シェアリングの再考──紛争後国家建設の事例から──」，大串和雄編『21 世紀の政治と暴力──グローバル化，民主主義，アイデンティティ──』晃洋書房.

────［2016］「民族間関係と連邦制国家──ユーゴスラヴィアとボスニア──」，同志社大学大学院総合政策科学研究科編『総合政策科学の現在』晃洋書房.

────［2023］『バルカンの政治』東京大学出版会.

林佳世子［2008］『オスマン帝国 500 年の平和』講談社.

＜外国語文献＞

Donia, R. J. and Fine, Jr., J.V.A. [1994] *Bosnia and Hercegovina : A Tradition Betrayed*, London : C.Hurst（佐原徹哉訳『ボスニア・ヘルツェゴヴィナ史──多民族国家の試練──』恒文社，1995 年）.

Hobsbawm, E. [1994] *Age of Extremes : The Short Twentieth Century, 1914-1991*, New York : Vintage Books（大井由紀訳『20 世紀の歴史──両極端の時代──（上）（下）』筑摩書房，2018 年）.

Horowitz, D. L. [1985] *Ethnic Groups in Conflict*, Berkeley : University Press of California.

Imamović, M. [2003] *Historija države i prava Bosne i Hercegovine*, Sarajevo : Magistrat.

Kaldor, M. [2001] *New and Old Wars : Organized Violence in a Global Era*, London : Polity Press（山本武彦・渡部正樹訳『新戦争論──グローバル時代の組織的暴力──』岩波書店，2003 年）.

Krastev, I. [2017] *After Europe*, Philadelphia : University of Pennsylvania Press（庄司克宏監訳『アフター・ヨーロッパ──ポピュリズムという妖怪にどう向きあうか──』岩波書店，2017 年）.

Lijphart, A [1977] *Democracy in Plural Societies : A Comparative Explorations*, Ithaca : Yale University Press（内山秀夫訳『多元社会のデモクラシー』三一書房，1979 年.

────［1999］*Patterns of Democracy : Government Forms and Performance in Thirty-Six Countries*, Ithaca : Yale University Press（粕谷祐子訳『民主主義対民主主義──多数決型とコンセンサス型の 36 ヶ国比較研究──』勁草書房，2005 年）.

Mazower, M. [2000] *The Balkans*, London : Weidenfeld and Nicolson（井上廣美訳『バル

カン——「ヨーロッパの火薬庫」の歴史——』中央公論新社，2017 年）.

Naimark, N. M.［2001］*Fires of Hatred : Ethnic Cleansing in Twentieth-Century Europe*, Cambridge, Mass. : Harvard University Press（山本明代訳『民族浄化のヨーロッパ史——憎しみの連鎖の 20 世紀——』刀水書房，2014 年）.

Savezni zavod za statistiku, Socijalistička Federativna Republika Jugoslavija, Savezni zavod za statistiku, ed.［1989］*Jugoslavija 1918-1988. Statistički godišnjak*, Beograd : IŠKRO "Savremena administracija"-OOUR "Savremena izdanja".

＜ウェブ資料＞

URL①「Census of Population, Households and Dwellings in Bosnia and Herzegovina, 2013 : Final Results」http : //www.popis2013.ba/popis2013/doc/Popis2013prvoIzdanje.pdf，2019 年 8 月 18 日閲覧）.

URL②「Constitution of Bosnia and Herzegovina」（http : //www.ohr.int/ohr-dept/legal/laws-of-bih/pdf/001%20-%20 Constitutions/BH/BH%20CONSTITUTION%20.pdf，2019 年 8 月 20 日閲覧）.

URL③「Constitution of the Federation of Bosnia and Herzegovina」（http : //www.ohr.int/ohr-dept/legal/laws-of-bih/pdf/001%20-%20Constitutions/FBH/FBH%20CONSTITUTION%20FBH%201-94%20and%2013-97.pdf#search=%27http%3A%2F%2Fwww.ohr.int%2Fohrdept%2Flegal%2Flawsofbih%2Fpdf%2F001%2520%2520Constitutions%2FBH%2F%27，2019 年 8 月 20 日閲覧）.

URL④「Opći izbori 2022. godine -Potvrđeni rezultati ボスニア議会下院選挙‐確定結果」（https : //www.izbori.ba/Rezultati_izbora/resId=32&langId=4#/2/0/0/0/0/0，2024 年 3 月 6 日閲覧）.

URL⑤「EUD/EUSR - Delegation of the European Union to Bosnia and Herzegovina and European Union Special Representative」（http : //www.eubih.eu/eu-delegation-eu-special-representative-in-bih，2019 年 8 月 23 日閲覧）.

URL⑥「ボスニアの人口推移 1996 年〜2018 年」（https : //www.imf.org/external/pubs/ft/weo/2019/01/weodata/weorept.aspx sy=2017&ey=2024&scsm=1&ssd=1&sort=country&ds=.&br=1&c=963&s=LP&grp=0&a=&pr.x=64&pr.y=12，2019 年 8 月 23 日閲覧）.

第2章

デイトン憲法
——構成民族の集団的平等と少数派の参政権——

大場 佐和子

はじめに

　ボスニアの最高法規は，1995年12月14日付国際条約として署名されたいわゆる「デイトン合意」を構成する第4付属書そのものである（以下，デイトン憲法）．国際社会が主導する民族紛争後の国家再建プロジェクトの端緒として起草されたデイトン憲法には，国際人権法が組み込まれ，国際機関（旧ユーゴスラヴィア国際刑事裁判所，欧州人権裁判所等）の関与も規定された．デイトン憲法のかかる国際法的側面は，その制定過程にまつわる問題点と共に，自身と国家体制の正統性に関わる論点ともなり得る［Marko 2006；Grewe et al. 2011］.

　もうひとつ重要な側面として，ボスニアの主要3民族間の紛争凍結を緊要な立法目的とするデイトン憲法では，紛争当事集団が「構成民族」と規定され，「構成民族の平等」というボスニア固有の憲法原理が生み出された．そして，当該原理が優越的価値基準として貫徹されることで，法の支配や民主主義，人権の尊重等々，デイトン憲法にも埋め込まれた近代立憲主義的諸原理との衝突や軋みが生じているのである.

　本章第1節から第3節までは，デイトン憲法のメカニズムと憲法改正の試みについて概説する．第4節では，構成民族の集団的権利が手厚く保障される反面，少数派となった市民の政治的権利が侵害されている問題に焦点を当て，構

成民族の集団的平等と選挙制度に関わるボスニア憲法裁判所および欧州人権裁判所の判例を紹介する.

1 デイトン憲法の特異な制定過程

およそ憲法とは主権者たる国民を代表する議会が制定する国内法秩序の頂点であり,その改正は議会の(多くは)厳格な手続の下でのみ可能と捉える近代立憲主義的理解からは,憲法制定権者であるはずの国民やその代表者による制定過程への関与が不明瞭で,前憲法である 1974 年憲法 398 条が定めた憲法改正手続を経ず[1],官報にも掲載されず,原文が英語であるにもかかわらず公式の現地語版が存在しない[Ćeman 2017: 3]等デイトン憲法制定にまつわる数々の事実には驚かされる.

デイトン憲法 12 条 1 項は,前憲法の改廃を行う憲法律と擬制されたデイトン合意の署名が行われることで本憲法の法的効力が生じると定めている.1995 年 11 月 30 日,当時セルビア系議員が不在となっていたボスニア・ヘルツェゴヴィナ共和国(以下,「ボスニア共和国」)議会はデイトン合意案を受け入れ,当該停戦合意が「申し分なく」履行される限りデイトン憲法は有効である旨 12 月 12 日付憲法律で宣言した[Marko 2004: 8; Steiner et al. 2010: 30].

デイトン合意に署名したのは,ボスニア共和国ならびに隣国クロアチア共和国および(事実上セルビア系の)新ユーゴの 3 名の大統領であった.一方で,デイトン憲法末尾には,ボスニア共和国の国連大使であり一時期外相も兼任したムハメド・シャチルベゴヴィッチ(Muhamed Šaćirbegović),ボスニア・ヘルツェゴヴィナ連邦(以下,ボスニア連邦)大統領クレシミル・ズバク(Krešimir Zubak),スルプスカ共和国副大統領ニコラ・コリェヴィッチ(Nikola Koljević)らによる憲法受諾文言が付記された.国際社会は,ボスニア紛争中になし崩し的に樹立されたスルプスカ共和国と,ボシュニャク系とクロアチア間の和平協定(1994 年ワシントン合意)に基づき創設されたボスニア連邦という民族色の濃

い二つの擬似国家を，新たな国家の構成体として受け入れ，ボスニアにおける
ネイションの分断を追認せざるを得なかった．

　ボスニア共和国を継承した新国家の形態は「連邦」なのか「国家連合（confed-
eration）」なのか，あるいはあくまで単一国家を標榜するのか．この点に関す
る意思統一は困難であったため，旧国名にあった「共和国」は削除され，デイ
トン憲法にも国家形態に関する規定は置かれていない［McCrudden et al. 2013:
25-26］．

　二つの構成体にとって各々の領域をつなぐ渡り廊下のような位置関係にある
ブルチュコ（Brčko）地区については，1999年3月の仲裁判断により，両構成
体の共同統治地であるが国家機関が責務を負う，独自の法と機関を有する自治
体としての存立が定められた²⁾．ブルチュコに居住する有権者は，いずれかの構
成体に登録してそこで行われる選挙に参加することができる．

　デイトン憲法の民主的正統性に疑義を抱いたクロアチア系の2政党は，デイ
トン合意が前憲法398条に適合するか，また，デイトン合意がデイトン憲法の
定める国家の一体性に適合するか等の審査をボスニア憲法裁判所に求めた．
1997年12月，憲法裁判所は，デイトン合意の本文および第4付属書以外の11
の付属書もデイトン憲法と法的一体性を持つとして，そこに憲法違反は存し得
ないと判示した．そして，憲法裁判所はデイトン憲法によって同憲法を擁護す
る目的で設置されたのであるから，デイトン合意の合憲性を審査することはで
きないとして申立を却下した［U 7/97; CCB 2014: 88-89］．

2　構成民族間の地位の平等

　デイトン憲法は，前文および本文12条ならびに二つの付属書（Annex I はボ
スニアに適用される国際人権条約一覧，Annex II は移行措置）から成る比較的簡素な憲
法である．民族紛争の最中に制定された両構成体憲法に加えボスニア連邦を構
成する10のカントンも独自の憲法を持ち，ブルチュコにも憲法に相当するス

タチュートがあるので，国内には合計 14 もの憲法が存在する．これらを含めてデイトン憲法は全ての国内法に優越する（3条3項b）．

ボスニアが欧州人権条約を批准したのは 2002 年であるが，既にデイトン憲法には，欧州人権条約の直接適用が可能であること，すべての国内法に対する優越性が明記されていた（2条2項）．Annex I に列挙された人権に関する 15 の国際条約についても，署名・批准の有無にかかわらずボスニアは当事者となり，ボスニア国内で直接適用されること（2条4，6，7項）など，法規範の上では幾重にも慎重に個人の基本的権利の保障が謳われている．

その一方で，デイトン憲法前文には，ボシュニャク系，クロアチア系，セルビア系の3つのエスニック集団を「構成民族（constituent peoples）」と規定した箇所がある[3]．

[前文 10 段落目] "…*Bosniacs, Croats, and Serbs, as constituent peoples*（along with *Others*），and citizens of Bosnia and Herzegovina hereby determine that the Constitution of Bosnia and Herzegovina is as follows：…"（下線・文字の強調は筆者による）

構成民族という概念自体はユーゴスラヴィア連邦時代の憲法にも見られたが，デイトン憲法では，紛争当事者であった上記3集団を主権者集団とみなし，各々に集団的な政治的権利を保障することで構成民族間の地位の平等を制度化したのである．そのひとつが，公職の定数および選挙方法を通じた権力分有の実現であり，もうひとつは，いずれの構成民族も自集団に不利益であると考えられる意思決定をブロックできるようにと付与された「拒否権」である．「拒否権」の概要は以下の通りである．

(1) 大統領評議会の決定に際しては全メンバーの同意を得る努力が要請されるが（5条2項c），ある決定が，自らが選出された「構成体の死活的利益（vital interest of the Entity）」を害すると判断したメンバーは，3

日以内にその旨宣言できる（5条2項d）．当該メンバーの出身に応じてスルプスカ共和国議会またはボスニア連邦上院の該当議員団の2/3以上によって10日以内に宣言が支持されれば，当該決定は発効しない（5条2項d）．

(2)　議会両院とも採決には出席議員の過半数の賛成が必要であるが，構成体毎にその出身議員の少なくとも1/3の賛同を得られるよう「最善の努力」が求められる（構成体拒否権（entity voting requirement））（4条3項d）．票決から3日以内に，議長および副議長が開催する委員会を経ても上記支持が得られなかった場合には議会の再議決が必要となり，当該議案は，出席議員の過半数の賛成かつ反対票が各構成体出身議員のそれぞれ2/3以上に達しなかった場合に可決される．

(3)　議会上院では，どのような議案であれ，ある構成民族議員団の過半数が「構成民族の死活的利益（vital national interest)」の侵害を宣言すると決議はブロックされる．その場合，当該議案はすべての構成民族議員団の過半数が賛同しなければ可決されない（4条3項e，同1項a）．
宣言に関して他の構成民族議員団の過半数が反対した場合には，上院議長は速やかに3つの議員団から各1名が出席する共同委員会を招集して協議しなければならない．議会内における協議が5日以内に整わない場合には，ボスニア憲法裁判所に案件が付託され迅速に審査される（4条3項f）．
憲法の文言上，ボスニア憲法裁判所に求められるのは手続的審査であるが，憲法裁判所は，2002年の両構成体憲法の改正により各々追加された「死活的利益」の定義を参照して，意思決定過程における構成民族間の平等，教育，宗教，言語，文化，伝統，文化的遺産に関する権利の侵害の有無といった実体的側面をも審査している［U 10/5 para. 30：U 7/06 para. 39 等；Steiner et al. 2010：629–630］．

(4)　議会上院の定足数は9名であるが，各構成民族議員団から最低3名の

出席を要するため（4条1項b），ある構成民族出身の議員5名のうち3名が意図的に議会を欠席することで「拒否権」行使が可能となる．

連邦国家の議会上院には国家の統治への考え方が表れるが［岩崎1998：394］，事実上の連邦国家であるボスニアの場合，上院議員には，ドイツのような地域代表としての国政参加という立場よりも，構成民族平等の原則に即した各主権者集団の代表という性質が強く表れている．実のところ，和平交渉終盤までは，人口400万人を切るボスニアには一院制議会の設置が予定されていたが，突如としてクロアチア，セルビア側が，民族政党の影響力を最大化すべく二院制議会の設置を強硬に求めたのであった［Nystuen 2005：143, 174；O'Brien 2010］．そもそもデイトン憲法は，国家に外交や貿易，通貨政策等のわずかな権限しか与えておらず（3条），ボスニア議会の権能もそれに応じて限定的であり（4条4項），上院固有の拒否権と解散権を除けば，本質的に国民代表議会となる下院の権限は上院とほぼ同じである．選出方法の違いも，民族主義政党が優勢なボスニア政治の文脈では代表の多元化につながっていない．

3　デイトン憲法改正の展望

デイトン憲法10条1項は，ボスニア議会下院の加重多数決（2/3以上の賛成）および上院での多数決による憲法改正を可能とする．ただし同条2項により，2条が定める人権保障の削除・縮小はできない．ボスニアの和平交渉に関与した欧米の法律家らは，法的問題点に目をつぶって民族的要求に与した，国政に関するあくまで緊急避難的な暫定規範の早期改正は必然であると捉えていた［O'Brien 2010：341-345］．

ボシュニャク系政党も，「デイトン・メカニズムは民族浄化によって形成されたスルプスカ共和国の正統性を容認するものだ」との不満を持ち，デイトン憲法の改正を望んでいる．ボシュニャク系は構成民族の中で最も人口が多く，

セルビア系，クロアチア系とは異なり「母国・姉妹国」を持たないこともあって，両構成体の権限縮小・廃止を含めて国家権限の強化を目指している．これに対し，統一的な国家になると数で勝るボシュニャク系が支配的立場につくことを危惧するセルビア，クロアチア系政党は真逆の志向を持つ．構成民族の中で最も人口の少ないクロアチア系は自集団が不利益に扱われることを恐れ，セルビア系は，「旧ユーゴを失った代わりに獲得した」固有の領域，スルプスカ共和国の自治を死守しなければならないとの信念を共有する（Sebastián-Aparicio［2014：88-89］，Keil［2016：152-154］など）．

　デイトン憲法制定10周年の節目となった2005年は，EU加盟プロセスの進展もあって全面的な改正作業に取り組む格好の契機と見做され，本格的に政党間合意の形成が模索された．翌年3月，アメリカ大使公邸において，ボスニアの主要8政党中6党の指導者らが最終合意したのは，欧州評議会ヴェニス委員会意見に依拠した「エイプリル・パッケージ」であった．その概要は，a）構成体権限の国家への移管（特に安全保障分野）または共同行使事項の創設（租税，選挙管理，司法制度，農業，科学技術，環境，地方自治等），b）議会下院の権限拡大（大統領選挙，首相などに対する同意の付与，憲法改正，条約の批准等）と議会上院の権限縮小（「構成民族の死活的利益」を明確化し，憲法改正，大統領選挙に関する権限のみを有する），両院の議員定数の増員と"Others"代表の議席の確保，c）大統領1名と副大統領2名体制への変更等であった［Sebastián-Aparicio 2014：113-116］．

　議会に提出されたエイプリル・パッケージは，国際社会の粘り強い仲介のもとで各党指導者たちが辛くも見出した妥協の産物であった．また，選挙法の改正は選挙の170日以上前に完了しなければならず，2006年10月の総選挙に間に合わせるためには，議会審議の中で細かい修正を加えていくことは事実上困難であったため，議員には賛成か否かの二者択一が求められた．結局，議会下院の採決では2/3の賛成にわずかに2票及ばず，改正案は否決された［Sebastián-Aparicio 2014：127；Bonella et al. 2016：45］．

　その後も，2008年11月に主要3政党がボスニア連邦にあるプラド村に集

まって一度は憲法改正案に合意したものの（Prud 合意），具体的な議論の集約ができなかった．2009 年 10 月には欧州連合部隊本部のあるブトミル（But-mir）で 2 度のハイレベル会談が行われたが，合意に至らなかった[European Commission 2009：8]．これらの頓挫は，政党相互の利害対立ばかりではなく，政党内部のパワーゲームによって現状維持を望む保守派がより急進的になったためでもあった [Sebastián-Aparicio 2014：146-191；Keil 2016：120]．それ以来，現在に至るまでデイトン憲法改正の機運は萎んだままである．

4　構成民族の平等と選挙制度の問題に関わる主要な判例

デイトン憲法前文 10 段落目にある"Others"とは，いずれかの構成民族への帰属を表明しないボスニア市民を指すが，構成民族以外のエスニック集団への帰属を自認する者のみならず，自らのエスニシティを表明できない，あるいはそれを望まない人々も含んでいる[6]．

第 2 章で触れたように，制度設計上"Others"には大統領評議会選挙とボスニア議会上院議員の選出に関して参政権（立候補の自由，自分たちの代表を選出する権利）が保障されていない[7]．同様に，構成民族ではあるが「間違った」構成体に居住するボスニア市民——ボスニア連邦で暮らすセルビア系またはスルプスカ共和国のクロアチア系もしくはボシュニャク系についても権利侵害が生じている[8]．構成民族平等の原則を主題とするボスニアの選挙制度は，多数派に属さない市民にとっては，部分的とは言え，民主主義の根幹となる政治的権利の侵害をもたらしているのである．

以下では，構成民族の平等とマイノリティの参政権の問題に関連するボスニア憲法裁判所および欧州人権裁判所の判例を選定して概説する．

（1）　2000 年ボスニア憲法裁判所判決：事件番号 U 5/98-III

U 5/98 事件の四つの部分判決のうち第 3 判決は，構成民族の地位に関する

ランドマーク的な判例として最もよく引用されている．申立人は，当時ボスニア大統領評議会のボシュニャク系メンバーであったアリヤ・イゼトベゴヴィッチ（Alija Izetbegović）であり，両構成体憲法の計19規定の合憲性を問題にした．スルプスカ共和国憲法については，前文でセルビア人の民族自決権等に言及し同構成体をセルビア人国家とみなす規定，公用語をセルビア語およびキリル文字と定める規定，セルビア正教会に対する公的なサポートや協働関係の規定などが問題にされた．ボスニア連邦憲法については，ボシュニャク系とクロアチア系のみをボスニア連邦の構成民族とみなす規定，ボシュニャク語およびクロアチア語のみを公用語と定める規定等が問題にされた．

　本判決の中でボスニア憲法裁判所は，デイトン憲法には〈多民族性（multi-ethnicity）〉，〈構成民族の集団的平等〉，〈差別禁止のルール〉という3つの憲法原則が存在すること，ボスニアにおいてはこれら3原則が最も重視されることを確認した．そして，以下のように述べて，本件申立にかかる条項の多くが違憲状態にあり無効であると結論づけた．

　デイトン憲法は，構成体ではなくあくまで国家に主権と領土的一体性，政治的独立を認めており，スルプスカ共和国憲法における同構成体の主権や国家としての独立性を標榜するような条項は違憲である．そして，ひとつもしくはそれ以上のエスニック集団による支配が生じないように，また，人口の上では少数派であっても統治機構に参画することが可能となるためには，特定のエスニック集団に属する個人としての権利だけではなく，エスニック集団それ自体の集団的権利としてもその政治参加を保障することは，ボスニアが民主的国家であることに矛盾しない．しかし，ボスニアのような多民族国家において，テリトリーとナショナル・アイデンティティとを結びつけるのは憲法原理に反する．議会や大統領評議会などの国家機構や選挙メカニズムは，必ずしもエスニック集団による区分ではなく，あくまで地域区分を反映している（例えば，大統領評議会のセルビア系候補者を選挙するのはセルビア系の人々のみならずスルプスカ共和国の市民全体である）のであって，構成体の地域区分がエスニック集団を分離

する手段となってはならない.

本判決では，9名の判事のうち「国際判事」3名とボシュニャク系の判事2名が多数意見を構成したのに対して，クロアチア，セルビア系の4名の判事はこれに反対した．この点に関して，本件を担当した「国際判事」のジョセフ・マルコ（Joseph Marko, 1997–2002年在籍）は，「ローカル判事」を中心にエスノポリティクスによる圧力に晒されていたことを示唆する [Marko 2004 : 30–31][9].

本判決を受けて，デイトン合意の文民統制を指揮する上級代表は両構成体にそれぞれ憲法委員会を立ち上げ，違憲条項の改正を後押しした．2002年両構成体憲法の主要改正点としてボスニア連邦では，下院における各構成民族の代表を同数にし，その半数の"Others"出身議員を受け入れた．スルプスカ共和国では民族評議会（Council of Peoples）という名称の第二院を立ち上げ，ボスニア連邦議会下院と同様の構成をとることになった．ただし，ボスニア連邦議会下院とは異なり，民族評議会が意思決定に参画できるのは民族集団の「死活的利益」に関わる場合に限られる．また，上級代表事務所による国内外避難民帰還完了の宣言を停止条件として，両構成体政府は構成体の民族比率に準じた閣僚構成を採用する（ボスニア連邦ではボシュニャク系8名，クロアチア系5名，セルビア系3名．スルプスカ共和国ではセルビア系8名，ボシュニャク系5名，クロアチア系3名）．このほか，スルプスカ共和国憲法が規定していた「スルプスカ共和国の国境」等々，同構成体の国家性を想起させる文言は削除された．

(2) 2006年ボスニア憲法裁判所判決：事件番号 U 5/04, U 13/05

大統領評議会のボシュニャク系メンバーであったスレイマン・ティヒッチ（Sulejman Tihić）は，"Others"と「間違った」構成体に居住する構成民族について，大統領評議会選挙および議会上院議員の選出に関して参政権を制約するデイトン憲法4条1項本文，4条1項a，4条3項b，5条1項について，エスニシティや宗教等に基づく差別であり平等原則違反にあたるとして，欧州人権条約14条および同条約の第1議定書3条に違反する旨申立てた.

ボスニア憲法裁判所は，以下のような理由から本件の審査権限を持たないとして申立を却下した（U 5/04）；本申立はその法的根拠となるデイトン憲法6条3項aが定める「本憲法のもとで生じる，構成体間，国家と構成体間，国家機関相互のあらゆる"dispute＝紛争"」ではなく，国際法と国内法との間に起こりうる"conflict＝抵触（法規範相互の矛盾：筆者注）"にあたる．欧州人権条約は，デイトン憲法に組み込まれボスニアの全ての法に優越するとされているが，同条約をボスニアの憲法秩序に組み込んだのは他でもないデイトン憲法である．憲法的権威は欧州人権条約ではなくデイトン憲法にあるのだから，前者が後者に優越し後者を審査する法とはなり得ない．

　そこで，ティヒッチは"Others"らの参政権の制約に関して，次に，ボスニアの選挙法8条(1), (2)が欧州人権条約第1議定書3条および第12議定書1条，人種差別撤廃条約（ICERD）2条1項(c), 5条(c)に反する旨申立てた（U 13/05）．

　しかし，憲法裁判所は以下のように述べて再び申立を却下した；選挙法8条(1), (2)は，デイトン憲法5条に基づいて規定されたのであるから，仮に憲法裁判所が本案を審理することになれば，憲法の条項について欧州人権条約およびICERDの条項との関係で審査することになる．憲法裁判所は，デイトン憲法の特定の条項と欧州人権条約の条項との整合性が訴訟物となった前記U 5/04判決において示したように，憲法裁判所の憲法尊重擁護義務と，欧州人権条約がデイトン憲法に対する優越性を持つものではないことに鑑みても，憲法裁判所が自身の管轄を解釈する際には常にデイトン憲法の文言に従う．したがって，ボスニア憲法裁判所には本申立の審査権限がない．

　なお，本判決には1名の個別意見と2名の反対意見が付されている．

(3) 2009 年欧州人権裁判所判決（Sejdić and Finci v. Bosnia : Applications nos. 27996/06 34836/06）

　ロマ系ボスニア人のデルヴォ・セイディッチ（Dervo Sejdić）とユダヤ系ボス

ニア人のヤコブ・フィンツィ（Jakob Finci）は，"Others" である自分たちが，大統領評議会選挙への立候補とボスニア議会上院選出を妨げられていることは，エスニシティを理由とする差別的取扱に当たる旨欧州人権裁判所に申立てた．

同裁判所は，1995 年当時集団虐殺や民族浄化を伴う凄惨な民族紛争を終結させるためにかかる差別的な選挙制度の導入が必要であったことに理解を示しつつ，現在に至っては，ロマ系やユダヤ系市民を上院および大統領評議会のポストから排除することを，客観的，合理的に正当化できなくなっていると判示した．そして，ボスニアにおける構成民族間のパワーシェアリングメカニズムの撤廃までは求めないものの，すべてのボスニア人の基本的権利を保障すべく，憲法上のシステムとして "Others" にあたる人々を機械的に排除することのない権力分有方法の採用は可能であるとして，欧州人権条約 14 条ならびに同条約第 1 議定書 3 条，同第 12 議定書 1 条違反を認定した．

本判決を受けて，（内閣に相当する）ボスニア閣僚評議会は，判決履行のための行動計画を採択し作業部会を立ち上げたが，何らの合意に至らなかった[European Commission 2010 : 8]．ボスニア議会は合同委員会を設置し，国内の NGO などから多数の憲法改正案の提案を受けたが，やはり具体的な協議が進まないまま，2010 年 10 月の総選挙を前にして立ち消えとなった[Keil 2016 : 152–153, 161]．

(4) 2015 年ボスニア憲法裁判所判決：事件番号 U 14/12

2015 年 3 月，憲法裁判所は，構成体レベルではあるが，ボスニアの選挙制度に関して不当差別禁止の原則に反するとの判断を初めて示した．本件申立人は，大統領評議会メンバーであったクロアチア系のジェリコ・コムシッチ（Željko Komšić）である．申立人はデイトン憲法自体を問題にするのではなく，両構成体で実施される選挙の根拠法となる国家レベルの選挙法および両構成体憲法の該当条項が "Others" の被選挙権を制約しており，不当差別を禁じるデイトン憲法 2 条 4 項や欧州人権条約第 12 議定書 1 条などに違反するという法

律構成を用いた．なお，両構成体の憲法の該当条項は，先述したU5/98判決に従って改正されたものであった［Kulenović 2016：124］．

　憲法裁判所の評議は5対4の僅差で本件を違憲とする憲法判断を示すことになったが，セルビア系，クロアチア系判事各2名が反対意見にまわった［Kulenović 2016．124, 126］．多数意見は，エスニシティを基準とするいかなる取扱も差別禁止の原則を遵守しなければならないこと，選挙権は民主主義の根幹として重要な権利ではあるものの，およそ国家には，その歴史的，文化的背景等に鑑みて適切な選挙制度を整える広範な裁量があることを前提として，デイトン憲法が構成民族間で国家機構における地位を分有するシステムを採用したのは，平和と安定，これ以上の死者を出さないための方策であったと認定した．かかる文脈からは，差別禁止原則との関係では問題であったとしても，当該システムの目的や正当性は否定されず，時の経過によってボスニアが民主的な国家として発展しようとも失われるものではない．しかし他方で，デイトン憲法は普遍的な制度モデルを示すものでもない．平和維持という正当な目的を達成する手段は，構成民族ではないという理由で"Others"を構成体の正副大統領職に立候補させないという方法には限定されないと結論づけた．

　なお，本章執筆時点で本判決にしたがった両構成体憲法の改正は行われていない．

⑸　モスタル市議会議員選挙およびボスニア連邦議会選挙に関する判例

　ヘルツェゴヴィナ地方の中心都市モスタル（Mostar）は，ボスニア紛争の激戦地のひとつであった．ネレトヴァ（Neretva）川に架かるスタリ・モストという名の橋を境に，西はクロアチア系の，東はボシュニャク系のコミュニティに分断された状態が現在まで続いている．1996年にEUや上級代表などの関与のもと市政運営に関する暫定的なモスタル市憲章が（その後2004年に新たな市憲章が）制定されたものの，両コミュニティの主要政党が選挙制度設計をめぐって激しく対立したままであり，モスタル市議会議員選挙は2008年を最後に実

施されていない.

a) 2010年ボスニア憲法裁判所判決：事件番号 Ｕ 9/09

　ボスニア議会上院のクロアチア系議員団は，選挙法とボスニア連邦憲法，モスタル市憲章等のうちモスタル市議会議員選挙に関する諸規定の違憲審査を求めた．曰く，モスタル市都市部の6つの選挙区からそれぞれ3名の議員が選出されることになっているが，各選挙区の有権者数を比較すると人数が最大の選挙区と最小の選挙区では一票の格差が約4倍に及ぶこと，加えて，かつての市の中心部が，現行の選挙区割では全体で17名の議員（各構成民族には4名，Othersには1名の議席保障）を選出する単独のモスタル市全域選挙区に振り分けられており，中心部エリアの代表を選出できないなど都市部の6選挙区と比べて差別的に扱われていること等が問題にされた．主張の背景には，戦後モスタルではが多数派となったにも関わらず人数比に応じた代表を選出できない一方で（各構成民族毎に最大15議席との制約）クロアチア系が少数派となる首都サライェヴォ（Sarajevo）やスルプスカ共和国最大の都市バニャ・ルカ（Banja Luka）等ではモスタル市と同等の措置が取られておらず，クロアチア系のみが不利益を受けているという不満がある．

　憲法裁判所は，モスタル市民の間で一票の価値が不平等であること，選挙区の境界や各構成民族への議席配分に不平等があることを認定し，2001年選挙法とモスタル市憲章の関連条項がデイトン憲法2条4項ならびに同憲法を構成する市民的および政治的権利に関する国際規約25条に反するとした．そして，ボスニア議会に対し6カ月以内に選挙法を改正するよう命じた．

　しかし，議会は猶予期間内に是正できなかったため，2012年1月18日，憲法裁判所は違憲と判断した諸条項の法的効力を失効させた．これによりモスタル市議会選挙実施の法的根拠が失われた．

b）2019 年欧州人権裁判所判決（Baralija v. Bosnia）

　申立人はモスタル市民で Naša Stranka（我々の党）の地方支部代表である．4年毎に行われるはずのモスタル市議会議員選挙が長らく実施されず申立人が参政権を行使できないのは，居住地を理由とする差別的取扱にあたり，欧州人権条約第 12 議定書 1 条に反すると主張した．2019 年 10 月，欧州人権裁判所は本申立を認容し，通常は言明しない被告国家が講じるべき措置を具体的に命じた上，異例の付言まで行った．

　本件では，ボスニアの選挙関連法規の条約違反が問題になった前記(3)事件等とは異なり，法の欠缺に伴う参政権の長期に及ぶ侵害が問題となる．欧州人権条約前文が言及する「実効的な民主政治」や「法の支配」の重要性は地方レベルにも当然に当てはまる．ボスニア政府は，ボスニア憲法裁判所 2010 年判決の不履行を正当化するために，和平を維持し異なる民族間の対話を促進するような長期的に実効性のあるパワーシェアリングメカニズムをモスタル市議会に構築することの難しさを挙げたが，その主張は容認できない．ボスニアはモスタル市において民主的な選挙が行われるための立法措置を講じるべき積極的義務に違反した．現状に至ったのは，最終的かつ拘束力を有するボスニア憲法裁判所の 2010 年判決が執行されないためである（そして，そのこと自体も法の支配の原則に反する）こと，また，多数の潜在的申立人の存在ならびに本件問題状況に終止符を打つことが急務であることに鑑みて，ボスニアは 6 カ月以内にモスタル市議会議員選挙の実施が可能となるように 2001 年選挙法を改正しなければならない．それが実行されなかった場合には，ボスニア憲法裁判所には経過措置に関する国内法および実務にもとづき暫定的な取り決めを行う権限がある．

c）2016 年ボスニア憲法裁判所：事件番号 U 23/14（Ljubić Case）

　2016 年 12 月，ボスニア憲法裁判所は，クロアチア系議員による申立のうち，ボスニア連邦議会上院（以下，単に「上院」と記載）議員の選出に関する選挙法 10. 12 条(2)［各構成民族はすべてのカントンで最低 1 議席を確保する］が，構成民

族の平等を謳うデイトン憲法1条2項に反するとの主張を認め，当該条項は違憲であるとしてボスニア議会に対し是正期間として6カ月を猶予し法改正を求めた．上院の定員58名のうち構成民族には各々17議席，"Others"には7議席が割り当てられていたが，詰まるところ，クロアチア系が多数派となるカントンでも，クロアチア系は人口比に応じた数の代表を選出できない反面，他の構成民族にとっては過代表となるため比例原則に反するとの主張であった．判決理由の要旨は以下の通りである．

　ボスニア連邦憲法によれば，上院はすべてのボスニア連邦住民の利益を代表する機関とされる一方で，各構成民族が同数の代表を持てるよう均等の原則によって構成されるとも定められている．要するに，上院はボスニア連邦の機関ではなく構成民族のための議会である．民主的な意思決定過程に参加する権利は正統な政治代表を通じて行使されるが，そのためには自らが代表される構成民族による民主的な選挙に基づく必要がある．したがって，上院の議席は，ボスニア連邦の構成民族を完全に代表することが可能な的確な判断基準に基づいて満たされることによってのみ，ボスニア連邦の人々の構成民族的地位の原則が現実化される．選挙法10.12条(2)は，構成民族がカントンごとに最低1議席を確保すると定め，その方法を具体的に定める同法20.16条Aによれば，仮に，あるカントン在住のある構成民族が1名であった場合にも，彼/彼女がカントン立法府の代表となることが可能と解される．そうすると，当該規定に基づく選挙は的確な基準によるものとは言えない．

d）2017年ボスニア憲法裁判所判決：事件番号U 3/17（Čolak Case）

　2017年4月，クロアチア系政党HDZが，前記c）判決を受けて選挙法改正案をボスニア議会上院に提出したところ，ボシュニャク系議員団は「構成民族の死活的利益」を宣言し法案の採択をブロックした．議会上院では決着がつかなかったため，本件はボスニア憲法裁判所に付託された．

　同年7月，憲法裁判所は次のように述べて死活的利益の侵害を否定した．各

民族の死活的利益とは，政治的決定を行うに際して，単独のエスニック集団による圧倒的支配を避けるという見地から構成民族が効率よく参加できるということである．上院は構成民族を代表する機関であり，カントンを代表するボスニア連邦の機関ではない．上院への代表は，カントン議会によって構成民族から 17 名ずつ選出されるところ，問題とされた法案は，10 のカントンから選出される構成民族に 17 名ずつの代表を割り付ける方法に関するものであるが，各構成民族はカントンの人口に応じた比例代表を選出する判断基準の適用を均しく受け，すべてのカントンから代表を出せるのではなく，法により定められたカントンからしか代表を出せないという制約を均しく受けるのである．

HDZ の改正案は，現行規定以上に民族不和を煽りかねないとして EU やアメリカ，地元の専門家などから批判を受けていたものであった．その後もボスニア議会の対立は続き，前記 c) 判決が付与した猶予期間内に選挙法は改正されなかった．2017 年 7 月 6 日，憲法裁判所が違憲と判断した該当条項の法的効力を失効させたことにより，ボスニア連邦議会上院の議員選出に関する根拠規定が失われた．ところが，2018 年 10 月，空文化されたはずの条項を法的根拠とする選挙がスケジュール通り実施された．

おわりに

近年多文化主義の浸透により，言語権や文化享有権など集団的な権利としての人権が観念されるようになったが，通常は（ナショナル/エスニック）マイノリティの保護という観点から論じられる．ところがデイトン憲法は，個人の基本的権利の尊重を謳う一方で，泥沼化した民族対立を背景に 3 つの構成民族の集団的な権利を手厚く保護し，その枠組から外れる少数派の不平等を容認した．デイトン・メカニズムは，構成民族のうち最も人口が少ないクロアチア系の権利保護には資するものの，より一層のマイノリティである "Others" と「棲

み分け」に合致しない構成民族の参政権の侵害をもたらしたのである.

　デイトン憲法がボスニア紛争を経て進んだ構成民族の棲み分けを既成事実としていることは明白であるが，ボスニア憲法裁判所は，「スルプスカ共和国はセルビア系の，ボスニア連邦はボシュニャク系とクロアチア系の領土」であることを否定し，「ボスニアは民族連邦国家ではない」とする（U 5/98–III）.確かに，大統領評議会およびボスニア議会下院議員選挙は構成民族単位ではなく構成体単位で行われ[11]，大統領評議会と議会両院共通の拒否権も，一応は構成民族ではなく構成体の死活的利益を問題にする.このように構成民族の平等確保という制度目的とその実現手段との間には奇妙なねじれが存在する.

　欧州人権裁判所は，Sejdić & Finci 事件判決（前掲(3)事件.2009 年）以降も，いずれの構成民族とも宣言しないボスニア人が申し立てた Zornić 事件判決（2014 年：Application no. 3681/06），スルプスカ共和国に居住するボシュニャク系が申し立てた Pilav 事件判決（2016 年：Application no. 41939/07）において，不当差別禁止原則からのいかなる逸脱も是認することはできない旨指摘する.欧州評議会閣僚委員会や EU 等から上記判決の適切な執行を繰り返し求められているにもかかわらず，一向に国際法上の責務を果たさないボスニアに対し，欧州人権裁判所は苛立ちを隠さない（前掲(5)b）Baralija 事件判決.2019 年）.

　憲法尊重擁護義務を負うボスニア憲法裁判所は謙抑的であり，国家レベルの選挙制度を否定することはないが，ボスニア連邦議会およびモスタル市議会選挙に関して立法府に対し選挙法改正を命じた.しかし，その猶予期間が徒過したまま法改正が行われないこと，すなわち憲法裁判所の判決が執行されない状態が続くことで，憲法裁判所の権威や司法に対する信頼は損なわれている.とりわけ近年スルプスカ共和国の指導者らは憲法裁判所に対する攻撃的な言動を繰り返しており，2020 年 2 月には憲法裁判所の違憲判決に抗議して，国家機関で働くセルビア系のサボタージュを先導するに至った[12].

　ボスニアの EU 加盟プロセスの大きな障害にもなっている選挙制度改革にはデイトン憲法の改正が必要不可欠であるが，構成民族の分断を煽るような政治

環境が固定化した現状では，民族主義者自らが手札を放棄するような制度改革が実現する見込みは極めて薄い［大場 2020］．デイトン憲法が内包する矛盾解消への道筋は不透明なままである．

付 記

本章は JSPS 科研費 JP 18 J 01331 の助成を受けた研究成果に基づく．

注

1) ボスニア憲法裁判所は，デイトン憲法 12 条 1 項の規定が大陸法系の憲法改正手続としては「いささか珍しい」方式であると控えめにコメントする［CCB 2014：88-89］．

2) 2009 年 3 月，現在までに唯一のデイトン憲法改正となる，ブルチュコに関する新規定 6 条 4 項が挿入された．当該条項は，ブルチュコがあたかも第三の構成体であるかのような印象を与えないよう国家と構成体との権限分配等を定める 3 条ではなく，便宜的にボスニア憲法裁判所に関する 6 条の中に置かれた［Steiner et al. 2010：887-888］．

3) ただし，デイトン憲法上「構成民族」という文言があるのは当該 1 箇所のみである．

4) 憲法の文言上「出席かつ投票した議員のうち 1/3」と読めるが，両院では「全議員の 1/3」と運用されており，法案採決をより困難にしている［Steiner et al. 2010：626-627］．

5) ボスニア連邦憲法第 4 章 A.5.17 条（修正 37 項），スルプスカ共和国憲法 70 条（修正 77 項）．

6) 市民のアイデンティティに関して 2013 年センサスにおける回答は次のとおりである．Bosniac 50.11, Serb 30.78, Croat 15.43, Bosnian 1.05, Romani 0.36, Muslim 0.34, Bosnia and Herzegovina 0.32, Albania 0.08, Yugoslav 0.07, Ukrainian 0.07, Montenegrin 0.05, Turk 0.03, Slovenian 0.03, Orthodox 0.02, Macedonian 0.02, Others 0.29, Undeclared 0.77, Unknown 0.18 など（%）（http：//www.popis.gov.ba/popis 2013/knjige.php?id=2，2024 年 2 月 6 日閲覧）．2003 年，EU 加盟を目指してナショナル・マイノリティ保護法が制定された．国内の 17 のエスニック／ネイション集団（アルバニア，モンテネグロ，チェコ，イタリア，ユダヤ，ハンガリー，マケドニア，ドイツ，ポーランド，ロマ，ルーマニア，ロシア，ルテニア，スロヴァキア，スロヴェニア，トルコ，ウクライナ系）の人々の言語的・文化的権利が広く保障されたが，政治参加に関しては，国家と構成体のレベルで設置された "Council of National Minorities" という，議員も出席する諮問機関を通じたものに限られている．

7) ボスニアの公的部門では構成民族の平等を確保する目的で上位の役職は各構成民族か

ら同数選出され，一般職員は，ボスニア紛争以前で直近の 1991 年度センサスに基づく民族比率に応じたクォータ制に即して採用されている．ただし，ほとんどの公職については "Others" への制約がないかクォータが付与されている．また，就業等のために "Others" がいずれかの構成民族であると表明することも事実上可能である［Bieber 2006 : 23, Stojanović 2018 : 349–350］．

8) 2013 年センサスによれば，スルプスカ共和国では回答した市民の 81.51％ がセルビア系を，ボスニア連邦では 70.4％ がボシュニャク，22.4％ がクロアチア系を自認している．

9) 本件の主任裁判官（judge rapporteur）であったマルコは，1996 年に欧州評議会ヴェニス委員会の専門委員としてデイトン憲法と構成体憲法との関係について報告した経緯があったことからスルプスカ共和国の議員から忌避の申立を受け，ボシュニャクの判事のひとりもデイトン合意交渉の法律顧問であったことから中立性に疑義があるとして忌避の申立を受けたが，いずれも満場一致で却下された．ところが，セルビア系判事のひとりは政治的圧力や退任後の生活を慮り（初代憲法裁判事の任期は 5 年間であった．その後は 70 歳定年制），ついにその職を辞してしまった．ようやく半年後に後任の判事が就任したものの，今度はボシュニャクの判事がインタビューの中で係属中の本件に関する個人的見解を表明したため辞任に追い込まれた［Marko 2004 : 32–34］．

10) Kulenović［2016］によれば，ボスニア憲法裁判所の評決が国際判事・ボシュニャク系対クロアチア・セルビア系に割れた例は，前回 2001 年 9 月の判決（U 26/01）以来であった．

11) ボスニアの構成民族別クォータに関して，候補者が自らのエスニシティを（例えば前回立候補時とは異なるものに）変更して立候補することは稀ではない［Bieber 2006 : 23］．

12) スルプスカ共和国の祝日に関する法や選挙法，農地法の規定などに関するボスニア憲法裁判所の違憲判決が相次いでいる．ボスニア憲法裁判所とスルプスカ共和国との軋轢については，大場［2022］参照．

◆参考文献◆

＜日本語文献＞

岩崎美紀子［1998］『分権と連邦制』ぎょうせい．

大場佐和子［2020］「ボスニア・ヘルツェゴヴィナの憲法改革と EU コンディショナリティ」『日本 EU 学会年報』40.

── ［2022］「ボスニア・ヘルツェゴヴィナ憲法裁判所のジレンマ──民族主義とデイト

ン憲法の狭間で──」『スラヴ研究』69.

＜外国語献＞

Bieber, F. [2006] "After Dayton, Dayton? The Evolution of an Unpopular Peace," *Ethnopolitics*, 5(1).

Bonella, C. D. and Piazza, F. [2016] "Framing Dayton Agreements : Introductory Remarks," in Benedizione, L. and Scotti, V. R. eds., *Twenty Years after Dayton. the Constitutional Transition of Bosnia and Herzegovina*, Roma : Luiss University Press.

Constitutional Court of Bosnia and Herzegovina (CCB) [2014] *Constitutional Court of Bosnia and Herzegovina 1964-2014* (http : //www.ustavnisud.ba/admin//public/down/Ustavni%20 sud%20 BiH%201964_2014_s.pdf, 2019 年 3 月 28 日閲覧).

Ćeman, M. [2017] "Constitutional Justice : Doctrine and Case-Law of the Constitutional Court of Bosnia and Herzegovina," VII International Legal Forum, Conference organized by the Constitutional Court of the Russian Federation, Saint Petersburg.

European Commission [2009] *Bosnia and Herzegovina 2009 Progress Report*, COM (2009) 533.

────── [2010] *Bosnia and Herzegovina 2010 Progress Report*, COM (2010) 660.

Grewe, C. and Riegner, M. [2011] "Internationalized Constitutionalism in Ethnically Divided Societies : Bosnia-Herzegovina and Kosovo Compared," in Bogdandy, A. and Wolfrum, A. eds., *Max Planck Yearbook of United Nations Law*, 15.

Keil, S. [2016] *Multinational Federalism in Bosnia and Herzegovina*, Southeast European Studies, New York : Routledge.

Kulenović, N. [2016] "Constitutional Court of Bosnia and Herzegovina : Adjudication of Power-Sharing Arrangements in Sub-State Constitutions. Decision of 26 March 2015, No. U-14/12," *Vienna Journal of International Constitutional Law*, 10(1).

Marko, J. [2004] "Five Years of Constitutional Jurisprudence in Bosnia and Herzegovina : A First Balance," *European Diversity and Autonomy Papers* (http : //webfolder.eurac .edu/EURAC/Publications/edap/2004_edap07.pdf, 2019 年 4 月 1 日閲覧).

────── [2006] "'United in Diversity'? : Problems of State- and Nation-Building in Post-Conflict Situations : The Case of Bosnia and Herzegovina," *Vermont Law Review*, 30.

McCrudder, C. and O'Leary, B. [2013] *Courts and Consociations. Human Rights versus Power-sharing*, Oxford : Oxford University Press.

Nystuen, G [2005] *Achieving Peace or Protecting Human Rights. Conflicts Between Norms Regarding Ethnic Discrimination in the Dayton Peace Agreement*, Leiden ;

Boston : Martinus Nijhoff Publishers.

O'Brien, J. C. [2010] "The Dayton Constitution of Bosnia and Herzegovina," in Miller, L.E. ed., *Framing the State in Times of Transition : Case Studies in Constitution Making*, Washington, D. C. : United States Institute of Peace Press.

Sebastián-Aparicio, S. [2014] *Post-War Statebuilding and Constitutional Reform Beyond Dayton in Bosnia*, London : Palgrave Macmillan.

Steiner, C. and Ademović, N. eds. [2010] *Constitution of Bosnia and Herzegovina Commentary*, Sarajevo : Konrad Adenauer Stifung.

Stojanović, N. [2018] "Political Marginalization of "Others" in Consociational Regimes," *Zeitschrift für Vergleichende Politikwissenscht*, 12(2).

第 **II** 部

ボスニア紛争による教訓

第3章

ボスニア紛争の被害者と移行期正義
——インタビューからの考察——

大串 和雄

はじめに

　ユーゴスラヴィア解体に伴って発生した1992-95年のボスニア・ヘルツェゴヴィナ（以下　ボスニア）での紛争は，大きな惨禍をもたらした．現地では今なおその傷が癒えていない．本章は，ボスニア紛争の被害者へのインタビューを通じて，以下の2つの問いを探求する．第一は，「被害者中心アプローチ」が提唱される中で［大串 2012；2015］，ボスニア紛争の被害者は移行期正義に何を求めているのかという問いである．[1] 第二の問いは，被害者が民族的ダブルスタンダードを克服して民族間和解に貢献する可能性があるのかということである．ボスニアに限らず，かつてユーゴスラヴィア社会主義連邦共和国を構成した地域（以下，旧ユーゴ地域）全体で，各民族に属する人たちが，自分たちこそが紛争の被害者であると主張し，逆に自分たちの民族のメンバーが加害者であることを否定もしくは過小に見積もるという傾向が指摘されている．もし各集団の被害者たち自身が，被害者という共通のアイデンティティによって連帯し，民族的帰属に拘わらず戦争犯罪を非難することができたら，偏狭な民族主義に基づいてダブルスタンダードを用いている政治家やその他の民族主義者は主張の根拠を失い，民族間和解と人権尊重の文化への道筋が見えるのではないか．しかし一体，ボスニア紛争の被害者にどの程度そうした傾向が見られるの

だろうか.

以下，第1節ではボスニア紛争の被害とその後の移行期正義をめぐるダブル
スタンダードについてその概略を述べ，第2節では先行研究を紹介する．第3
節では今回のインタビュー調査の対象と方法を述べ，第4節でその結果につい
て考察する[2].

1 ボスニア紛争の被害と移行期正義のダブルスタンダード

(1) ボスニア紛争の被害

ボスニア紛争では主要3民族のいずれの武装勢力も，支配地域から他民族を
排除すべく，暴行・拷問・殺害・レイプなどの非人道的行為を行った．紛争の
死者・行方不明者の数は約10万人に上る．その他に，難民と国内避難民を合
わせて約200万人が故郷を追われたが，これは当時の人口の半分に近い［佐原
2008: 192-193］．最も信頼性が高いと言われるサライェヴォ（Sarajevo）の
NGO，調査記録センターの数字によれば，死者・行方不明者の民族別内訳
は，ボシュニャク系64.6％，セルビア系26.4％，クロアチア系8.8％，その他
0.6％であった．全体の39.9％が文民であるが，文民に限ると，犠牲者の民族
別内訳はボシュニャク系が81.3％，セルビア系が10.9％，クロアチア系が6.
5％，その他が1.2％である[3].

1991年の国勢調査においては，ボスニア人口の43.5％が自らをムスリム系
（今日のボシュニャク系）と回答し，31.2％がセルビア系，17.4％がクロアチア
系，5.5％がユーゴスラヴィア人と回答し，その他は2.4％であった[4]．した
がって上記の犠牲者の数字は，ボシュニャク系が人口比以上の被害を受けたこ
とを物語っている．旧ユーゴスラヴィア国際刑事裁判所（ICTY）の人口統計部
門の研究者は，軍人の死者の中にも戦闘外で殺害された者がおり，また文民の
中にも戦闘に参加して死亡した者や合法的「付随的損害」が含まれていること
を指摘しつつ，そのことを考慮してもなお，文民の死者と軍人の死者の比率を

違法な殺害と合法的戦死との比率の近似値として用いうると述べている [Zwierzchowski and Tabeau 2010: 17]．その考え方を採用するならば，戦争犯罪の被害者におけるボシュニャク系の割合は非常に大きいことになる．また，加害者の中ではセルビア系およびセルビア人の比率が高いことも一般に認められている．このように数に違いがあるとはいえ，残虐行為の論理と態様において3民族の間に共通性が高いことを指摘しておくことも重要である［佐原2008］．

(2) 移行期正義のダブルスタンダード

旧ユーゴ地域全体として，移行期正義と記憶をめぐる政治には民族帰属によるダブルスタンダードが色濃く観察されるが，それは政治と社会全体に蔓延するダブルスタンダードの反映である．ボスニアを含む旧ユーゴ地域の多くで，自民族メンバーによる加害を否定もしくは軽視し，自民族が受けた被害のみを強調する過去に関する語り（narrative）が，民族別に存在する．そのような語りは，民族主義的政治家やメディアによって増幅されている．デイトン合意後のボスニアでは，そのほとんどの時期において，このようなダブルスタンダードを用いて民族主義を煽る政党が主要3民族のそれぞれから支持を獲得し，政治を支配してきた．

民族主義的政治指導者は，ICTYで有罪判決を受けた戦犯を擁護し，英雄視し，彼らが釈放されて帰国する際には大歓迎する．スルプスカ共和国やセルビア，クロアチアでは，戦犯が公式行事に招かれ，顕彰されている[5]．そのように自民族の戦犯を英雄視する一方で，自民族に被害を与えた加害者（およびその加害者が属する民族）を激しく糾弾する．このように自民族メンバーによる加害を否定もしくは矮小化し，戦犯を英雄視し，自民族の被害のみを憤る態度は，政治指導者だけでなく，各民族構成員の多くにも共有されている．

民族主義的政治家による支配を反映して，記念物の設置や追悼行事などの記念活動においても，ダブルスタンダードが色濃く見られる．これは中央レベルだけでなく地方自治体レベルでも同じである．ボスニア各地ではほとんどの場

合，その地で支配的な民族の犠牲者のみが公的に追悼される．記念物のほとんどは文民犠牲者ではなく兵士を追悼するものであり，兵士に対する追悼行事では，民族主義的色彩の強い演説が行われることが多い．他方で各地の少数派民族の被害者団体は，強制収容所跡に記念板を設置することや墓地に標識を付けてフェンスで囲うことさえも地元当局に許可されない[6]．

　このような民族主義に基づくダブルスタンダードは，ICTYや国内裁判所による戦争犯罪訴追に対する反応に強く現れる．本来，移行期正義における加害者処罰に期待されているのは，人権侵害や戦争犯罪の加害者個人を裁くことにより，加害行為を加害者の所属する集団から切り離すことである．それにより，人権侵害や戦争犯罪の非道性を糾弾しつつも，その非難が加害者の所属する集団全体へと投影されないことが期待される．ところがボスニアをはじめとする旧ユーゴ地域では，各民族のメンバーはこのような個人と集団の切り分けをかたくなに拒否する．戦争犯罪は，ある民族集団全体による他の民族集団への犯罪と認識される．

　こうして，ある個人が裁判所で訴追されれば，それはその個人が所属する民族が裁かれているのだと認識する．起訴や有罪判決は，被告が所属する民族集団のメンバーにとって，その民族への攻撃またはその民族への裁判所のバイアスの表れと解釈され，無罪判決が出れば，それはその集団が罪を犯していないことの証明と解釈される［Corkalo, Ajdukovic, Weinstein et al. 2004 : 148 ; 久保 2019 : 76-77 ; Kutnjak and Hagan 2016 : 106-107］．

　このように西バルカン諸国で各民族がダブルスタンダードを用いて記憶をめぐる政治を繰り広げる傾向は，近年改善するどころか悪化する傾向にあると指摘されている．スルプスカ共和国では議会がスレブレニツァ虐殺の事実を認めた2004年の議会報告書［久保 2019: 88-89］を無効とする決議を採択し，歴史修正主義の方向にさらなる一歩を踏み出した[7]．

2 被害者へのインタビューに基づくこれまでの研究

本節では被害者へのインタビューに基づく先行研究を概観する.

移行期正義の選好については，処罰感情が強いことが確認される. 27人の被害者へのインタビューで和解の条件を探った Basic [2015] は，赦しと和解は加害者の処罰と反省が前提となると結論づけている.

しかし現実の裁判には，被害者の多くが不満を持っている. ICTY にせよボスニア国内の裁判所にせよ，量刑が甘すぎるというのが被害者の共通の不満である [Hodžić 2010 : 124 ; Mahmutovic and Gurda 2014 : 27]. またそれだけでなく，訴追される人の数が少ないことも不満の源である. ボスニアの文民被害者，元捕虜，行方不明者家族の団体とインタビューを行ったデルプラは，非常に興味深い論文において，スレブレニツァの被害者は，ICTY がスレブレニツァの加害者を当時「4人しか」逮捕していないことを以て正義が行われていないと感じていたと述べている. また著者によれば，怒りの対象となる不処罰は基礎自治体のレベルでの不処罰であって，民族や地域のレベルではない. したがって，たとえばスレブレニツァの事件で加害者が処罰されたとしても，他の自治体の被害者が感じる不処罰への怒りが収まることはない [Delpla 2007 : 218-219, 232-233].

被害者へのインタビューにおいても，民族的ダブルスタンダードが色濃く現れる. スレブレニツァとコニツ (Konjic) において ICTY のアウトリーチ・プログラムに参加したボシュニャク系とセルビア系の被害者および関係者に聞き取りを行ったマンネルグレーンは，多くの人は自分の民族にも戦争犯罪の加害者がいることを認めたが，それらの加害者を「本当の」加害者とは考えず，またそれらの行為を個人の暴走と捉え，自分の民族とそれらの加害者を分離しようと努めた. スレブレニツァのジェノサイドを正当化しうる復讐行為だと見なしたセルビア系の者もいた. また同様に，他民族の被害者は自分たちほど苦し

みを受けていないので，「本当の」被害者ではないとされた[Mannergren Selimovic 2010 : 54]．ボスニアのモスタル（Mostar）とプリイェドル（Prijedor）およびクロアチアのヴコヴァル（Vukovar）でフィールド調査を行ったチョルカロらの研究チームも，自分たちの側の犯罪を「個人の行き過ぎ」と見なす一方で，他民族による加害行為は計画的な犯罪と見なす傾向を指摘している［Corkalo, Ajdukovic and Weinstein et al. 2004 : 149］．またマンネルグレーンによれば，ボシュニャク系とセルビア系のどちらのグループも，ある加害者に対する判決はその民族集団全体に対する判決と解釈したが，その前提として，相手集団に属する人は，自分の友人など一部の例外を除いて全員多かれ少なかれ加害者だった．逆に自分たちの集団に属する人は，一部の例外的な頭のいかれた者だけが加害者だった．推定無罪の原則は自分たちの民族の側にだけ適用された［Mannergren Selimovic 2010 : 58］．

3　インタビューの対象と方法

本章のインタビューはいずれも 2018 年 9 月前半に英語の通訳を介して実施された．インタビューの対象者は，（1）被害者団体の代表，（2）"PRO-Future" プロジェクトのスピーカーという 2 種類のカテゴリーに分かれる．

被害者団体については，ボスニアの協力者に依頼して最も代表的と思われる 17 団体を選定してもらった．最終的にインタビューできたのは**表 3-1** の 13 団体である．1 団体につき発言者は 1 名ないし 10 名 (出席者は最大約 15 名) であった．

"PRO-Future"（PRO-Budućnost）とは，米国国際開発庁（USAID）が資金を提供し，ボスニア国内の諸団体を実施主体として行われている，民族間の和解促進を目的とするプロジェクトである．同プロジェクトは政治家，公務員，宗教指導者など多様なアクターを巻き込んで展開されているが，その一部として，カリタス・ボスニアを実施主体とした戦争被害者によるパブリック・スピーキ

表 3-1 インタビュー対象被害者団体

番号	団体名	構成民族	インタビュー地
1	サライェヴォ・カントン文民戦争被害者の会	ボシュニャク系	サライェヴォ
2	ジェノサイド被害者・目撃者の会	ボシュニャク系	サライェヴォ
3	サライェヴォ攻囲 92-95 年死亡児童の父母の会	ボシュニャク系	サライェヴォ
4	スレブレニツァ及びジェパ飛び地の母の運動協会サライェヴォ事務所	ボシュニャク系	サライェヴォ
5	祖国戦争クロアチア人戦没防衛者未亡人の会—モスタル支部	クロアチア系	モスタル
6	祖国戦争クロアチア傷痍軍人会（HVIDRA）モスタル支部	クロアチア系	モスタル
7	祖国戦争ボスニア収容所クロアチア人被拘禁者の会	クロアチア系	モスタル
8	トレビニェ地域収容所被拘禁者の会	セルビア系	トレビニェ
9	スルプスカ共和国捕虜・戦没兵士と行方不明文民の家族の会—全国本部	セルビア系	バニャ・ルカ
10	スルプスカ共和国捕虜・戦没兵士と行方不明文民の家族の会—バニャ・ルカ支部	セルビア系	バニャ・ルカ
11	収容所被拘禁者の会「プリイェドル 92」	ボシュニャク系	プリイェドル
12	ブルチュコ行政区収容所被拘禁者の会	ボシュニャク系	ブルチュコ
13	強制連行行方不明者及び文民殺害犠牲者家族の会	ボシュニャク系	ブルチュコ

（注）被害者団体はほぼ民族別に分かれているが，少数の他民族メンバーが含まれていることが多い．ボスニア紛争では，各民族勢力の軍事組織には少数ながら他民族のメンバーも参加していた．そのため，団体 5，6，8，9，10 のように特定の民族の元軍人やその家族が中心となっている組織の場合，同じ軍に属した他民族のメンバーも仲間として扱っている．文民被害者の会でも，団体 2，4，13 は完全に，またはほぼ純粋にボシュニャク系であるが，団体 11 はメンバーの 20%，団体 12 は 10% がクロアチア系である．1992-1995 年のサライェヴォ攻囲の被害者で組織する団体 1 もボシュニャク系メンバーは 90% に留まる．同じく攻囲の被害者である団体 3 の場合，明示的にクロアチア系，セルビア系のメンバーもいるが，それ以外に民族籍を明らかにしていないメンバーが 10% おり，その中にクロアチア系，セルビア系が多く含まれることは充分に考えられるという．

（出所）筆者作成．

ング・イベントがある．これは，三つの主要民族から 1 名ずつ出てもらい，公衆の前で自分の戦争時の経験やその後立ち直っていった経験を話してもらうというものである．筆者がインタビューしたのはこのイベントにスピーカーとして参加している 12 名の人たちであり，居住地はボスニア全土に散らばっている．民族別の内訳はボシュニャク系 5 名，セルビア系 4 名，クロアチア系 3 名

で，性別は男性9名，女性3名であった．スピーカーたちはカリタスが提供した心理的トレーニングを通じてトラウマや他民族に対する怒りを克服し，和解にオープンな心的態度を形成するに至った人たちであり，戦争被害者一般とは異なる特殊な集団である[9]．

　以上に述べたように本章のインタビュー調査は無作為抽出法によるものではないが，他方で，ボスニア国内の主要な被害者団体の多くをカバーしたことと，偏狭な民族主義を克服した集団を対象に加えたという点で，独自の意義があると言えよう．

4　インタビューからみえること

(1)　被害者のニーズと願望

　筆者はインタビュー対象者に，「以下に挙げる措置（1. 加害者の処罰，2. 医療・奨学金・住居を含む物質的賠償，3. 行方不明者の捜索と身内が死に至った事情の解明，4. 紛争の全体的パターンを記録し，若干の事件を詳細に調査することによって，社会に教訓をもたらし，政府がとるべき措置を勧告する真実委員会の設置，5. 記念（commemoration）の活動，6. 国家または構成体代表者からの謝罪，7. 加害者からの謝罪）の中から最も重要なもの一つか二つを選んでください」という質問を行った．その回答では，「行方不明者の捜索」，「加害者の処罰」，「戦争犯罪等の事実を認めさせること」の三つがほぼ同数で，他の選択肢を引き離して多かった．

　このうち「戦争犯罪等に関する事実を認めさせること」は，質問の選択肢には含まれていなかった回答である．実際の回答では，「セルビア（またはクロアチア，またはボシュニャク系）に収容所が存在したことを認めさせたい」，「ジェノサイドの事実を認めさせたい」など表現に幅があるが，いずれも戦争犯罪等の事実を認めさせることを意味する回答であったので一つにまとめている．誰に認めさせるのか明示的でない場合もあるが，事実を認めようとしない加害者側の民族の人々（とりわけ政治指導者）を指していると考えられる．質問の選択肢

に含まれていなかったにも拘わらずこの回答が多かったことは，事実の否認が横行する中で被害の事実を認めさせたいという強い願望があることを窺わせるものであり，あらかじめ選択肢に含まれていればもっと回答が多かった可能性がある．

　行方不明者の家族にとって行方不明者の発見が最も重要な要求であることは，地域を問わず世界各地の多くの研究で明らかにされている．本調査でも，現在行方不明の家族を抱える人6人のうち4人が第一順位，1人が第二順位の選択肢として行方不明者の捜索を選択した．またかつて家族が行方不明になったがその後遺体を回復したという4人の中では，3人が第一順位として行方不明者の捜索を選択した．

　加害者の処罰に関しては，世論調査とそれに基づく研究は一様に，戦争犯罪被害者を含むボスニア国民に処罰感情が強いことを示している．2013年に実施された世論調査では，加害者の厳しい処罰を求める人は，金銭的補償や謝罪を求める人よりも多い．また，被害者はそれ以外の人よりも加害者の厳しい処罰を求める割合が多い［Hall, Kovras and Stefanovic et al. 2018 : 353-355］。[10]

(2) 和　解

　民族間の和解について質問すると，ほとんどのインタビュー対象者は和解を非常に重要な目標だと述べる．他民族による加害の否認はここでも，和解に対する主要な障害としてしばしば言及される．また若干の人は，政治家は人々を分断させようとしているが一般市民の間では和解はすでに実現していると述べる．

　加害者と被害者との間の，いわばミクロの和解についての態度はどうだろうか．筆者は，「もしあなたの加害者があなたの前に現れてすべてを告白し，心から謝罪したら，あなたはどう反応するでしょうか」と質問してみた．その質問に対する回答は様々であった．一部のインタビュー対象者は，本当に心からの謝罪であれば，赦す／和解する／握手する用意があると述べる．特に"PRO-

Future"プロジェクトのスピーカーの場合にはそのような回答が多い．しかし被害者団体のインタビュー対象者では，反応はわからないとか，決して赦さないという回答であった．特に特徴的であるのは，「加害者が心から謝罪することを想像できないからわからない」とか，「そのシナリオはありえないから反応はわからない」という回答である．

　ボスニアでは，特に拷問・虐待の被害については，加害者が特定されている場合が多く，刑事告発も盛んに行われてきた．しかしほとんどの被告は，有罪判決を受けた者も含めて，加害への関与を否定する．多くの被害者は裁判に証人または傍聴人として参加し，加害者が事実を否定し，反省のかけらも示さないのを見てきた．ICTY やボスニアの裁判所で有罪答弁をして被害者に謝罪した者も，その多くは司法取引の結果であり，判決が出た後は「有罪答弁は刑を軽くしてもらうために嘘をついただけだ」と言って関与を否定する者が多い[11]．このような姿を間近に見てきた被害者には，ある被害者がインタビューで述べたように，「将来のどんな謝罪や告白も偽りだという先入観念ができてしまって」おり，その同じ加害者が心から反省する姿をとうてい想像できないのであろう．

　他方で，"PRO-Future" プロジェクトのスピーカーの一人は，加害者による告白や謝罪はなかったが加害者を赦したと回答した．彼の場合，戦争後に悪夢に悩まされるなど心理的に深刻な問題を抱えていた．そして裁判を通じて，憎しみは自分自身を破壊すると悟り，安眠と普通の生活を取り戻すために加害者を赦すことに決めたという．自分の精神的安定のために加害者を赦すという回答は，今回の調査では彼一人であったが，筆者が同様の調査を行ったコロンビアではしばしば聞かれた赦しの動機である[12]．

　なお，「赦し」や「和解」という言葉から，「仲良くなる」とか「水に流す」ということを連想してはならない．反省した加害者と「握手するだろう」と答えた "PRO-Future" プロジェクトのスピーカーは多かったが，ハグすると言った人はいない．加害者の処罰に関心がないと言うあるスピーカーは，「道

で会えば『やあ』と言うだろう。でも交際するつもりはない」と述べた。また、「赦した」ということは、加害者が刑務所に行かなくてよいということを含意するわけでもない。赦す／和解する／握手する用意があると答えた回答者に重ねて、「赦した場合は加害者が刑務所で服役する必要はないか」と尋ねたところ、ほとんどの人は、赦した場合でも刑務所に行く必要はあると述べた。

　このように、加害者を赦した場合でもほとんどの人は裁判と服役を求めるが、それは加害者個人を処罰したいという感情よりも、「犯罪を犯した者は刑務所で償うのが当然のこと」、「犯罪を犯した者が罪を問われないのは社会に対して悪いメッセージになる」という観点である可能性がある。たとえばあるパブリック・スピーカーは、移行期正義の最重要の措置として2番目に加害者の責任を明確にすること、3番目に処罰を挙げ、単なる処罰ではだめで、責任を明確にすることが重要だと述べた。彼女は加害者を赦した場合でも「責任ある処罰は必要だ」と答えたが、これは処罰よりも責任の明確化を重視する姿勢と一致する。またこれとは別の観点だが、あるスピーカーは、赦した場合に加害者の服役は求めないとしながらも、加害者が自分のしたことを認めてそれをボスニアの公衆が知ることが必要だと述べた。彼は拷問の加害者を裁判で訴えているが、彼によればそれは裁判で事実を確定させ、実際に起こったことを人々が知るようにするためであり、刑の軽重には関心がないということである。

(3)　ダブルスタンダード

　既述のように、被害者が被害の認知を求める背景には、自らの被害を否定されていることへの強い憤りがある。しかし他民族による否認論（denialism）に憤る人々が、同時に自民族メンバーによる加害については否定もしくは暗黙に正当化する態度をとることがある。自分たちを憤らせているのとまさに同じ態度を、他の民族に対してとるのである。このような傾向は、今回のインタビュー対象者の一部にも色濃く見られた。たとえばセルビア系のある被害者団体代表は、ICTYが大量の証拠に基づいて7000～8000人のムスリム系男性が

殺害されたと認定したスレブレニツァ虐殺について，虐殺はあったと認めながらも，犠牲者数は 2000 人だと述べ，セルビア系の間で流布している主張を繰り返している[13]．彼は，「セルビア系が言うことはすべてウソだと見なされ，ボシュニャク系が言うことはすべて本当だと見なされる．政治が絡むことで真実に到達できないのは悲しいことだ」と述べているが，実際に彼が行っているのは，セルビア系が言うことはすべて本当だと見なし，ボシュニャク系が言うことは嘘だと見なすことである．

このようなダブルスタンダードは，帰責におけるダブルスタンダードとしても現れる．セルビア系とクロアチア系のインタビュー対象者は，ICTY で自民族の指導者や軍の高官が有罪判決を受けていることに不満を表明する．彼らは自民族の指導者に民族浄化の意図があったことを否定し，国際法で確立している上官責任の法理にも反対し，裁かれるべきは直接の加害者だけであり，上官は部下の一人一人の行為まで把握できないのだから，行為を命令した証拠がない限りは責任を問われるべきではないと主張する．しかしそのように主張する当人が，他の民族の指導者に対しては，虐殺の加害者として裁かれるべきだと主張するのである．

インタビューで自民族のメンバーによる残虐行為をどう思うかと尋ねると，「誰がやろうと犯罪は犯罪だ」という答が決まって返ってくる．しかしより詳細に質問すると，しばしば民族によるダブルスタンダードが明確に現れる．セルビア系の場合は，自民族の加害の話題を振られたときに限らず他の文脈でも，自分たちだけが悪者にされているという不満を滔々と述べ立てることが多い．クロアチア系でもそういう人がいた．自民族が不当に扱われているという不満が "PRO-Future" プロジェクトのスピーカーにも共通していたことは，その表現が被害者団体代表のものよりも穏やかであったとはいえ，印象的であった．

ボシュニャク系被害者の場合には，ICTY を含めた裁判や公的機関の対応に対する不満は多く聞かれるものの，スルプスカ共和国やセルビア系が支配的な

自治体に対する不満を除けば，自民族が他の民族に比べて不平等に扱われているという不満は聞かれない．しかし人によってはボシュニャク系による加害を過小に考えたり，さらにはボシュニャク系は攻撃されたから防衛していたのだと半ば正当化する人もいる．たとえばボシュニャク系の著名団体4のスポークスパーソンは，ボシュニャク系による加害についてどう思うかと尋ねたところ，加害の事実があったことは認めながらも，それは家族を殺した加害者への怒りのような絶望（despair）によるものであると答えた．筆者がさらに，「セルビア系にも絶望で反応して無辜のムスリム系の文民を殺害した人がいたと思うか」と尋ねたところ，「セルビア系はいつも攻撃していたんだから，絶望を感じる暇があったかどうか疑わしい」と答えた．実際には，民族浄化を計画していた指導者とその軍事組織は別として，ボスニアの各地でいきなり襲われたボシュニャク系がいたのと同様に，攻撃に参加せずにいきなり襲われたセルビア系やいきなり襲われたクロアチア系もいた．しかしこのスポークスパーソンの発言は，そうした事実を否定するだけでなく，論理的には，すべてのセルビア系が一体となって攻撃していたと見なしていることを意味する．

(4) 裁判に対する不満

　量刑に関して2000年と2003年にサライェヴォで行われたアンケート調査によると，自らを被害者と考える者のうち，2000年では99％，2003年では86％が，戦争犯罪や人道に対する罪の加害者には死刑か終身刑がふさわしいと述べている［Kutnjak and Hagan 2011 : 14-19 ; 63］．今回のインタビュー対象者の間では，望ましい量刑に関する回答が少ないので一般的傾向を述べることは難しいが，家族を殺された人に限れば，終身刑をはじめとする長期の禁固刑を望む回答が目立つ．しかし現実には，ICTYに死刑は存在せず，終身刑もきわめて例外的である[14]．ボスニアの国内裁判所における判決においても，複数の殺害に関与していても10年余りの刑期が多く，10年に満たない場合もある[15]．このギャップから，加害者が裁判で有罪を宣告される場合でも，被害者は強い不満

を感じている.

世論調査を用いた先行研究は，とりわけICTYへの支持，信頼をめぐって多く行われてきた．それらの研究では，セルビア系の大多数は一貫してICTYを拒絶していたこと，ボシュニャク系とクロアチア系（特に前者）はICTYへの支持が高かったが，時を経るに従って支持が低下したことが示されている[16]．以上の調査や研究は被害者だけでなく一般住民を対象にしたものであるが，今回のインタビュー対象者の間では，セルビア系とクロアチア系にICTYへの批判が強かった.

セルビア系のインタビュー対象者のICTYへの評価はきわめて否定的であった．"PRO-Future"プロジェクトのスピーカーでも，セルビア系の4人は全員が否定的である．その理由は，ICTYではセルビア民族の人ばかりが裁かれているという不満である．クロアチア系の場合は，ICTYを設置したこと自体はよかったとする人が多かったが（特に"PRO-Future"プロジェクトのスピーカー），それでも批判が多かった.

ボシュニャク系の場合は，ICTYに反ボシュニャク系のバイアスがあると主張する人はいない．また全体としてネガティヴな評価をする人もいなかった．しかしポジティヴな評価の中には，自前の警察力を持たないという限界を考えればよくやったとか，感謝するという高い評価がある一方で，5点満点で3点とか，「Dマイナスで可」という辛い評価もある．ともあれボシュニャク系に共通しているのは，セルビア系，セルビア人に対してICTYの有罪判決が圧倒的に多いことは，彼らの犯罪の割合に釣り合っていると考えていることである.

興味深いのは，セルビア系，クロアチア系でICTYに否定的な人たちのほとんどが，ICTYを「政治的裁判所」と見なしていることである．ICTYに反セルビア民族または反クロアチア民族のバイアスがあると主張する場合に，それらを判事自身のバイアスに帰した人は一人もいない．ほとんどの人が，判事自身のバイアスではなく，判事が様々なロビイングの圧力に応じて判決を出し

た結果であると見なしている．反 ICTY 派によるそうした言説が強く浸透していることを窺わせる．

(5) 他民族の被害者との関係

先に述べたように，自民族メンバーによる加害について尋ねると，誰が加害者でも裁かれるべきだという答が一様に返ってくる．"PRO-Future" プロジェクトのスピーカーには，その考え方は戦争直後から一貫していたのか，それとも現在までに変化があったのかを尋ねてみた．その結果，変化なしという被害者は 2 人だけであり，6 人は戦争直後以降に変化があったと答えた．そのきっかけとしては，加害者の民族の医師が献身的に治療してくれたこととか，収容所から解放されて避難生活を送っていたときに，加害者の民族に属する友人が被害者を気遣って何ができることはないかと電話してきてくれたことを挙げた人がいた．しかし多くの人は "PRO-Future" プロジェクトを，少なくとも部分的に変化をもたらした要因として挙げた．スピーカーとの通訳はプロジェクトの実施責任者だったので，部分的な影響を認めた人の中には外交辞令が混ざっている可能性もあるが，このプログラムが「自分の人生を変えた」とか，「誇張なしに自分に新たな人生を与えた」と述べた人もいる．スピーカーたちはプロジェクトを通じて他民族の被害者との連帯や友情を育んでおり，このプロジェクトで他民族の被害者と出会えたことを高く評価している．他民族の被害者の経験を聞くことで他民族への憎しみから解放されたと語る人もいる．

"PRO-Future" プロジェクトの参加者とは異なり，被害者団体の多くは基本的に単一民族で構成されていて，他民族の被害者との直接的な出会いの機会は多くない．部分的な例外は，行方不明者家族の団体である．ボスニアの国家レベルに設けられた行方不明者機関（Missing Persons Institute）には，被害者家族の代表で構成される諮問委員会が存在する．ヴォゴシャ（Vogośća）地方の行方不明家族の会の会長を務める傍ら "PRO-Future" のパブリック・スピーキング活動に参加するボシュニャク系女性によれば，行方不明者家族の団体は，他

の民族の団体と同じテーブルに着いた最初の団体であったが，最初の会合は困難だった．なぜなら，彼らは他の民族を互いに非難しなければいけないように感じたからだ．この女性も，最初はセルビア系の団体に対して非難がましい態度をとっていたが，そのような民族間の敵意があったのは最初のうちだけで，すぐになくなったという．その理由は，問題を解決するために国家に圧力をかけなければならないという共通の目標と，同じ被害者としての共感（empathy）であった．

　もっとも，そのような関係改善に至らない場合もあるようだ．セルビア系被害者団体9の副会長によると，テオドル・メロン（Theodor Meron）ICTY長官が3民族の被害者を会合に招いたことがあった．3民族のそれぞれが意見や提案を述べたが，セルビア系の番になった時，テーブルにいたボシュニャク系が全員立ち上がり，セルビア系に対して「ジェノサイド民族」と叫び，「ジェノサイド民族」とは何も議論したくないと言った．同じインタビューに同席した同団体のバニャ・ルカ（Banja Luka）支部長によれば，セルジュ・ブラメーツ（Serge Brammertz）ICTY首席検察官との会合でも，最初の会合では3民族の代表がそろったが，ボシュニャク系の被害者団体代表がセルビア系の代表に対して「ジェノサイド民族」，「戦犯」と言い続けたので，セルビア系代表が会合を分けることを提案し，その後は別々に会うことになったという．

おわりに

　被害者団体とのインタビュー調査の結果は，第2節で紹介した先行研究が示しているところと大きな違いはないと言ってよいであろう．被害者は加害者の処罰を望み，多かれ少なかれ民族的ダブルスタンダードから抜けられないでいる．和解と普遍的な人権意識の確立に向けての途はいまだ遠いと言わざるを得ない．そうした中で，"PRO-Future"のスピーカーたちが，被害者全体の中では少数派とはいえ，希望の光であるのは言うまでもない．

民族的ダブルスタンダードはしばしば，現実に関する誤った認識に基づいている．たとえばボスニアの戦争犯罪の訴追に関して正確な知識を持つ人は少なく，多くの人は民族的に偏向したメディアや政治家の発言から情報を得ているとされる [Hoččić 2010: 115]．今回のインタビュー調査でも，そのような誤った事実認識を確認することができた．誤った事実認識に基づく否認論が他民族の憤慨を招き，和解を妨げている現状に鑑みれば，これを正していくことは和解に向けての一歩となろう．各自が信じたいことを信じるという傾向があるため，このことは決して容易ではないが，その方向に向かうことはきわめて重要である．その点で，各民族の子どもたちが民族別に偏向した歴史教育を受けている現状は改革を急がなければならない．また，日常生活を含めて，民族間の肯定的な接触を増やしていくことが必要であろう．

　戦争犯罪の被害者に関して言えば，"PRO-Future"のスピーカーの場合，他の民族の人も自分と同じような経験をしたのだと知ることが，心の変化をもたらしたと述べる人が多い．そうした経験の共有は重要であろう．また既述の通り，他民族でありながら自分を助けてくれたという経験が，自分の心の変化をもたらしたと述べるスピーカーもいた．民族の境界を超えて救助した人々（rescuers）のことを社会に広めていくことも望まれる．

　筆者はペルーとコロンビアで人権侵害と戦争犯罪の被害者への聞き取りを行ってきた．そこでもダブルスタンダードの問題性を感じていたが，ボスニアでは，民族集団が絡む紛争においてこの問題がいかに深刻になり得るのかを痛感させられた．ラテンアメリカの紛争は民族紛争ではなく，人権侵害や戦争犯罪がただちに集団間の対立に転化するわけではない．政府の治安部隊と反体制武装勢力が存在していても，全国民がそのどちらかの集団に帰属意識を持つわけではない．政府の治安部隊の被害に遭った人たちと反体制武装勢力の暴力の被害に遭った人たちの間に分断はあるが，その対立やダブルスタンダードはボスニアほど深刻ではない．民族意識の厄介さをあらためて意識させられた調査であった

謝　辞

　ボスニアの被害者団体とのインタビューでは Davor Ebner, Mirza Redžić, Jasmina Gavrankapetanović-Redžić, Damir Obuljen の各氏に全面的にお世話になった．"PRO-Future" のスピーカーとのインタビューではカリタス・ボスニアの Siniša Sajević 氏がすべてアレンジしてくださった．これらの方々の協力に深く感謝する．

注

1）移行期正義とは，主として独裁または武力紛争を脱した諸国において，独裁政権下や紛争中に犯された人権侵害や戦争犯罪にいかに対処するかという問題領域である．具体的にとられる措置には，裁判による加害者の処罰，真実委員会による真実解明（および和解の促進），賠償，公職追放，国家による謝罪，記念事業（博物館などの「記憶の場」の設置や追悼イベントなど），和解のためのローカルな試み，軍・警察等の制度改革，一部の加害者の免責など，多様なものが含まれる．また移行期正義における通常の用語法では，「被害者（victim）」には直接の被害者の近親者も含まれる．本章でもその用語法に従う．

2）紙幅の都合により，本章ではインタビューの内容はその概略にとどめ，より詳細な紹介は別稿に譲ることとする．インタビュー対象の個人や団体に関する詳しい情報も同じ理由で割愛するが，調査や研究上の必要がある読者には，筆者に連絡を取っていただければ，匿名を希望した対象者を除いて情報提供が可能である．

3）久保［2019 : 26］の表 2-5 から筆者が計算．Zwierzchowski and Tabeau［2010］も参照．

4）ボスニア連邦統計局のウェブサイトによる（http://fzs.ba/index.php/popis-stanovnistva/popis-stanovnistva-1991-i-stariji/，2020 年 9 月 6 日閲覧）．

5）実例は枚挙に暇がないが，たとえば以下の記事を参照．"Bosnian Serb Govt Funds Organisation Led by War Criminal," *Balkan Insight*, April 22, 2019.

6）"Bosnia Spends € 2 Million on 'Divisive' War Memorials," *Balkan Insight*, January 3, 2020. Hodžić［2010 : 129–130］も参照．

7）"Bosnian Serb MPs Annul Report Acknowledging Srebrenica," *Balkan Insight*, August 14, 2018.

8）以後，特定の団体に言及する際には，表 1 における団体の番号を用いて「団体 1」のように表記する．なお，本稿ではインタビューの対象とした団体を便宜的に「被害者団体」と呼ぶことにするが，それらの団体のすべてが，戦争犯罪の被害者だけで構成されているわけではない．ほとんどの団体は「戦争犯罪の被害者」というコンセプトではなく，「戦争の被害者」として組織されている．文民被害者の団体の場合には，そのメンバーのほとんどが戦争犯罪の被害者と見なしてよいだろうが，それでも国際法上合法的な戦闘の被害者が含まれているかもしれない．さらに問題なのは，元軍人の「戦争被害者」の場合である．たとえば団体 6 は傷痍軍人の会であるが，合法的な戦闘行為によって障碍を負った者もいるので，全員が戦争犯罪の被害者というわけではない．団体 5 の

インタビュー対象者は 1 人のみであり，その夫は通常の戦死であったので，戦争犯罪の被害者とは言えない．団体 9 と 10 もインタビュー対象者合わせて 3 名のうち 2 名は戦死した兵士の父親だった．これに対してボシュニャク系の 7 団体はすべて，メンバーの全員または ほとんどが戦争犯罪の被害者で構成されていた．"PRO-Future" プロジェクトのスピーカー 12 名については，セルビア系の 1 名を除いて全員が戦争犯罪の被害者であった．第 4 節の分析では，戦争犯罪の被害者でない人の証言は被害者の意向を探る分析で除外しているが，そのため，クロアチア系とセルビア系のサンプルが少ないことには留意されたい．

9）なお，"PRO-Future" プロジェクトのスピーカー 12 名のうち 7 名および団体 1〜4 とのインタビューは，第 6 章執筆の窪田幸子氏と共同で実施した．

10）Kutnjak and Hagan［2011：14-16］，Corkalo, Ajdukovic, Weinstein et al.［2004：147］も参照．

11）"Culture of Denial : Why So Few War Criminals Feel Guilty," *Balkan Insight,* January 10, 2020.

12）コロンビアにおける調査結果は，ペルーにおける調査結果と併せて，後日論文として公刊する予定である．

13）ICTY が認定で依拠した証拠については ICTY［n.d.］を参照．

14）久保［2019：252-259］には ICTY で訴追された 161 人の裁判の概要が一覧の形で収められており，非常に便利である．

15）ニュースサイト *Balkan Insight*（https://balkaninsight.com/balkan-transitional-justice-home/）が旧ユーゴ地域に関わる戦争犯罪裁判をよくカバーしている．

16）Kutnjak and Hagan［2016：5-8］には ICTY への支持に関するそれまでの調査・研究の有益なレビューがある．

17）ただしコロンビアやペルーでも，反体制武装勢力の被害に遭った治安部隊メンバーとその家族の場合は，治安部隊による加害を否定する傾向があるため，彼らの場合は否認論とダブルスタンダードが顕著である．

◆参考文献◆
＜日本語文献＞
大串和雄［2012］「『犠牲者中心の』移行期正義と加害者処罰――ラテンアメリカの経験から――」，日本平和学会編『体制移行期の人権回復と正義』早稲田大学出版部．
――――［2015］「移行期正義の相克――『左翼的批判』に対する批判的考察――」，大串和雄編，『21 世紀の政治と暴力――グローバル化，民主主義，アイデンティティ――』晃洋書房．
久保慶一［2019］『争われる正義――旧ユーゴ地域の政党政治と移行期正義――』有斐閣．
佐原徹哉［2008］『ボスニア内戦――グローバリゼーションとカオスの民族化――』有志舎．

＜外国語文献＞

Basic, G. [2015] "Conditions for Reconciliation : Narratives of Survivors from the War in Bosnia and Herzegovina," *Journal of Criminal Justice and Security*, 17(2).

Corkalo, D., Ajdukovic, D. and Weinstein, H.M. et al. [2004] "Neighbors Again?" in E. Stover and H.M. Weinstein eds., *My Neighbor, My Enemy*, Cambridge : Cambridge University Press.

Delpla, I. [2007]" In the Midst of Injustice," in X. Bougarel, E. Helms and G. Duijzings eds., *The New Bosnian Mosaic*, Aldershot : Ashgate.

Hall, J., Kovras, I. and Stefanovic, D., et al. [2018]" Exposure to Violence and Attitudes towards Transitional Justice," *Political Psychology*, 39(2).

Hodžić, R. [2010]" Living the Legacy of Mass Atrocities : Victims' Perspectives on War Crimes Trials," *Journal of International Criminal Justice*, 8(1).

ICTY [n.d.]" Facts about Srebrenica." (https : //www.icty.org/x/file/Outreach/view_from_hague/jit_srebrenica_en.pdf, 2020 年 9 月 6 日閲覧).

Kutnjak I., S. and Hagan, J. [2011] *Reclaiming Justice : The International Tribunal for the Former Yugoslavia and Local Courts*, New York : Oxford University Press.

───── [2016] "Pursuit of Justice and the Victims of War in Bosnia and Herzegovina : An Exploratory Study," *Crime, Law and Social Change*, 65(1).

Mahmutovic, D. and Gurda, V. [2014] "The Effects of War Crime Processing before Domestic Courts on the Reconciliation Process in Bosnia and Herzegovina," *Društveni ogledi*, 1(1).

Mannergren Selimovic, J. [2010] "Perpetrators and Victims," *Focaal*, (57).

Zwierzchowski, J. and Tabeau, E. [2010] "The 1992−95 War in Bosnia and Herzegovina : Census-based Multiple System Estimation of Casualties' Undercount," Conference Paper for the International Research Workshop on 'The Global Costs of Conflict', The Households in Conflict Network (HiCN) and The German Institute for Economic Research (DIW Berlin).

第 **4** 章

人道的介入とジェンダー政治
──ボスニア紛争の南アジアへのインパクト──

竹中　千春

はじめに

　冷戦後，真の平和が訪れると期待されたのもつかのま，ユーゴスラヴィア社会主義連邦共和国（以下，旧ユーゴ）が解体し，クロアチアやボスニアの独立をめぐる内戦が発生した．メアリー・カルドー（Mary Kaldor）は，国家と非国家主体の武装勢力が争う「新しい戦争」という概念を提起し，国際社会の緊急な介入を訴えた．ボスニア紛争を転機にジェノサイドや破綻国家などの課題が提起され，国際的な規範，政策，制度などを劇的に変化させた [Kaldor 1998；Ignatieff 1997]．本章では，人道的危機と国際的な介入を含む政策枠組みとしての「ボスニア・モデル」を想定し，これが南アジアのジェンダー政治にいかなる変化をもたらしたかを検討する．

1　ボスニア紛争のジェンダー政治へのインパクト

(1)　ボスニア紛争と人道的介入

　ソマリアやルワンダといった紛争地域の中でも，ヨーロッパの南端で起こったボスニア紛争は欧米諸国の強く世論を揺さぶり，国際社会による「人道的介入（humanitarian intervention）」について新しい構想と政策を模索させることに

なった．それを促した紛争のプロセスを，手短に説明したい．

1991年8月ロシアで起こった政変のため，社会主義国家の中心にあったソ連が解体に向かったが，激震の中で社会主義連邦国家のユーゴスラヴィアでも国家の解体が始まった．1991年末にクロアチアが独立し，スロヴェニアが続き，ボスニア・ヘルツェゴヴィナでも翌年初めに独立を問う住民投票が実施された．ボシュニャク系44%，セルビア系31%，クロアチア系17%とされたボスニアでは，民族や宗教をめぐる政治対立が急速に拡大し，セルビア系の人々が選挙のボイコットを表明する一方，クロアチア系やボシュニャク系の人々の多くが独立を選び，その結果，新国家ボスニア・ヘルツェゴヴィナが成立した．ただちにEU諸国の承認を得たものの，武力紛争へと展開した．

1992年4月セルビア系の武装勢力が首都サライェヴォ（Sarajevo）を占領し，スルプスカ共和国の樹立を宣言した．ユーゴスラヴィア連邦共和国のスロボダン・ミロシェヴィッチ（Slobodan Milošević）大統領の下にあるユーゴスラヴィア軍の支援したスルプスカ共和国軍に対して，ボスニアは自前の軍事力を備えておらず，クロアチア系とボシュニャク系の住民は窮地に立たされた．国連の安全保障理事会は，「旧ユーゴスラヴィアの領土，とくにボスニアにおいて国際人権法が深刻に侵害されている」という決議780を採択したが，国際社会によるバルカン半島への軍事的な関与は即座に行われなかった［Clark 2018 : 39］．

まもなくセルビア側の軍勢がサライェヴォ空港を占領したが，国連としては「クロアチアの新政府とセルビア系武装勢力との衝突を抑止し，国連保護区を非武装化して安全を確保する目的」で派遣されていた国連保護軍（UNPRO-FOR: the United Nations Protection Force）をボスニアに移動させて空港を奪還する作戦を実施した．人道支援を行うには空港の確保が必須だったからである．だが，それ以上の軍事的な介入は為されず，「安保理構成国は，既存の原則と実績に基づいて，国連平和維持活動（PKO: Peacekeeping Operations）の部隊を増派すべき」という立場に止まったと，国連平和維持活動局長を務めたコフィ・アナンは回想した［Annan 2013］．

時を追うにつれて事態は悪化し，セルビア系武装勢力がボシュニャク系の人々の家屋を焼き払い，人々を収容所に連行し，レイプや処刑を行ったと伝えられた．ニューヨークの日刊新聞『ニューズデイ（*Newsday*)』のロイ・ガットマンは，「ボスニアのレイプ」という8月23日の記事で，「被害者たちは身も凍る出来事の詳細を語り，ボスニアを占領したセルビア系武装勢力によるムスリム女性のレイプは，戦争の副産物であるどころか中核的な戦術だったという事実が明らかとなった」とツヅラ（Tuzla）の惨状を報道した [Gutman 1993]．まさに，「武器としてのレイプ（rape as a weapon）」が使われたのである．

　バルカン半島からの移民や難民が大量に発生し，残虐な実態が次々に伝えられると，先進大国をはじめ世界的に「人道的救済」を求める声が高まった．「死の収容所（death camp)」，「ジェノサイド（genocide）」や難民など，ナチス時代を想起させる事態を前に，1992年半ば国連安保理はボスニアに関する人権侵害調査委員会を設置した．折しもアメリカ大統領選挙の年で，民主党のビル・クリントン（Bill Clinton）候補はボスニア紛争に消極的な共和党政権を批判して人気を博した．だが，翌年成立した民主党政権も，早々に国務長官サイラス・ヴァンス（Cyrus Vance）とEU共同議長デヴィッド・オーウェン（David Owen）を中心とした和平交渉を試みたが失敗に終わり，それ以上の介入は試みなかった [月村 2013]．

　1994年5月国連安保理に人権侵害報告書が提出され，「比較的早い時点にレイプが2万件以上の起こったという推測は，十分合理的な数字であった」と認めた [Clark 2013: 39]．すでに紛争は4年目に入り，1995年セルビア側の武装勢力がボシニャク系の住民の残るスレブレニツァ（Srebrenica），ジェパ（Žepa），ゴラジュデ（Goražde），ビハチ（Bihać）などへの襲撃を開始した．2万人ほどの国連平和維持部隊は「安全地帯」を防御できず，5月NATO軍の攻撃が開始され　新ユーゴスラヴィアの首都ベオグラードが爆撃された．だが，セルビア側は国連部隊の兵士約400名を拉致して報復し，再度NATO側は足踏み状態となった．そうこうする中で，7月にはスレブレニツァ虐殺が起こ

り，NATO 軍が本格的な武力介入に踏み切る［月村 2013; Reimann 2017］．

　以上のようなボスニア紛争の展開は，国際社会による「人道的介入」が遅れると大量の難民，ジェノサイド，未曾有の人権侵害と性暴力をもたらすという教訓を与えた．カンボジアでは比較的順調に平和構築が進められたものの，ソマリア，ボスニア，ルワンダ，ハイチの紛争には異なる対応が必要となった．1992 年，国連事務総長ブトロス・ブトロス・ガリ（Boutros Boutros-Ghali）が『平和へのアジェンダ：予防外交，平和創造，平和維持』を報告していたが，国連もアメリカや先進大国も新方針への転換には慎重な姿勢を保った．とくに，国連の平和維持軍と協力してクリントン政権がソマリアに派遣した米軍の作戦は，武装勢力の攻撃を受けて多数の死傷者を出して失敗に終わり，即座の撤兵につながった．にもかかわらず，スレブレニツァ虐殺以後のボスニアへの介入が，この流れを変えることになった．国際社会の「人道的介入」によって人権侵害を止めるという「ボスニア・モデル」が誕生したのである．

(2)　ボスニア紛争と「女性に対する暴力」

　ボスニア紛争の教訓は，ジェンダー政策も転換させた．焦点は，「女性に対する暴力（VAW: violence against women）」である．

　1995 年 9 月中国の北京で第 4 回世界女性会議が開催され，政府代表とともに NGO や専門家の関係者が数千人も集まる中，ボスニアやルワンダにおける性暴力や難民救済が注目を集めた．同時に，旧日本軍の「慰安婦問題」，キリスト教やイスラームなどの宗教的な抑圧，女性への社会的な迫害などが取り上げられた．また当時のアメリカでは，民主党政権が中国の人権弾圧に抗議を示す一方で，中絶反対運動，妻殺害を争う O. J. シンプソン裁判，大統領の性行為をめぐる弾劾訴訟が耳目を集めていた．世界的にジェンダーが政治化し始めていたのである．欧米優位の国際社会の影響を排して「アジア型の人権」を唱える中国やインドネシア，宗教の教義を盾とするバチカンやイスラーム諸国の代表も発言する中で，ボスニア紛争の緊急性が会議を動かし，歴史的な北京宣

言がまとめられた［竹中 2010］.

この宣言では,「29. 女性や少女に対するあらゆる形態の暴力を予防し除去する (prevent and eliminate all forms of violence against women and girls)」と謳い,家庭内暴力,性的虐待,レイプやセクシュアル・ハラスメント,さらに武力紛争下でのレイプ・性的暴行・強制妊娠などを「女性に対する暴力」という概念に包括した.とくに,「紛争下における女性に対する暴力 (violence against women in war/armed conflict)」を禁じ,家族や地域社会から国際社会まで続く「暴力の連続性 (continuum of violence)」を指摘した.

国連総会は 1993 年に「女性に対する暴力撤廃宣言」を採択し,難民高等弁務官事務所 (UNHCR) などが政策を変え始めていたが,北京宣言は「28. 女性の前進に向けて平和を保障し,これまでの平和運動で女性が担ってきた指導的な役割を評価しながら,厳格で有効な国際的規制の下に置かれた,一般的かつ完璧な軍縮に向けて積極的に行動すること,さらにすべての視角から核軍縮と核拡散を抑止することに貢献するような,普遍的かつマルティラテラルで効果的な実効性を持つ包括的核実験禁止条約を,遅延なく締結するための交渉を支援する」とし,ジェンダー政策を安全保障分野にも拡大していた［UN Women 2014］.

5 年後の 2000 年 10 月,国連安保理の「『女性,平和,安全保障』に関する決議 1325 号」が採択され,「紛争予防と紛争解決,和平交渉,平和構築,平和維持,人道的対応,紛争後の復興における女性の役割の重要性とともに,平和と安全保障を維持し促進するためのすべての努力において,女性が平等に参加し,完全に関与すべきことを強調する」と示された.「すべての国連の平和と安全保障に関する活動において,女性の参加を拡大し,ジェンダー的なパースペクティヴを導入していくように,すべての主体に呼び掛け」,「紛争に関わるすべての主体に対して,武力紛争下での女性と少女を,ジェンダーに基づく暴力 (GBV: gender-based violence),とくにレイプや他の形態の性的虐待から保護するために,特別な措置を取るように呼び掛ける」.そして,「この決議は,国

連加盟国および国連関係機関に対して，数々の重要な運用上の任務を提起する」と謳われた［UN Security Council 2000］.

　国際社会におけるジェンダー政策の変化には，女性差別撤廃運動，ジェンダー研究，政府や NGO や国際機関の政策的な積み重ねがあったものの，ボスニア紛争の衝撃が世界を動かしたことには疑問の余地がない．そして，人道的救済を促進する「ボスニア・モデル」の焦点の一つが，「女性に対する暴力」であった．

(3) 「破綻国家」の理論

　ここで登場したのが「破綻国家（failed state）」の理論である．スーザン・ウッドワードは，ソマリア，ボスニア，ルワンダ，ハイチの内戦，人権侵害，難民などの現象が，この概念を生んだという［Woodward 2017: 5-6］．そして，非対称的な国際紛争，内戦と難民，人権侵害，テロリズム，人身売買などの脅威，武装勢力という非国家主体などに対して，各国の軍隊，国連，世界銀行，IMF などは有効な備えを持っていないと早々に警告した人々は，開発や人道救済の任務にあたる国際的な専門家であった［Helman and Rater 1992/1993］.

　他国の軍隊の介入は，原則的には主権の侵害である．しかし冷戦後，この基準が変化していく．湾岸戦争中の 1991 年 4 月，イラクのサッダーム・フセイン（Saddām Husein）政権によるクルド人弾圧と難民発生を前に，国連は米軍に対してイラク北部とトルコの間で救援物資を投下する軍事作戦を委ねた．これを機に，地上の安全地帯と飛行禁止空域を確保する緊急の軍事作戦が頻繁に行われるようになる．アメリカは，すでに 1992 年の時点でボスニアへの武力介入を検討しており，干ばつに見舞われたソマリアへの米軍派遣も決定していた［Woodward 2017: 32］．ボスニア紛争の末期の展開は，この動きを後押しするものとなった．国際 NGO の国境なき医師団や世界の医療団を設立し，フランソワ・ミッテラン（François M. A. M. Mitterrand）政権で保健・人道活動大臣を務めたベルナール・クシュネル（Bernard J. Kouchner）は，ダボス会議にて「介入

の義務（the duty to intervene）」を説いたことで知られる．国連高等弁務官の緒方貞子も，難民救済のためにボスニアへの武力介入を各国政府に訴えた．

けれども，介入には多大なコストとリスクがかかる．父ブッシュ（George H. W. Bush）政権とクリントン政権とも，バルカン半島にはアメリカの安全保障上の直接的脅威がないと判断し，国連の平和維持活動として安保理の要請があったときのみ米軍の出動を認めるという方針を維持した．アメリカはソマリア作戦での失敗に懲りて，ルワンダへの派遣要請も断ったことはよく知られている．スレブレニツァ虐殺まで，米軍の抑制が続いたのである［Annan 2013］．

1995 年後半には NATO 軍がセルビア系武装勢力を制圧し，アメリカと EU 諸国が中心となって和平のための「デイトン合意」がまとめられた．国際社会が力で押し切って終戦に導いたことが後に批判されたものの，武力介入と平和構築への道筋が国際社会の新しい政策枠組みとして提示されたのである．「破綻国家」に武力介入し，人道的危機を止め，平和で民主主義な政府を樹立するという「ボスニア・モデル」の誕生と言える．

2 南アジアのジェンダー政治

このような「ボスニア・モデル」は，南アジアにいかなる影響を及ぼしたのか．こうした観点からアフガニスタンとインドの事例を取り上げて，1990 年代後半から 2000 年代の南アジアにおける「ジェンダー政治（gender politics）」を分析したい．

(1) 1970-90 年代のインドにおける女性運動

1970 年代のインドは，新しい女性運動と多くの NGO の登場を経験した．その第一の理由は，政治経済の危機の中で，インド国民会議派や共産党などの下部組織ではない，女性主体の団体が生まれてきたことである．インディラ・ガンディー（Indira P. Gandhi）首相の非常事態体制への抗議運動には，多くの女性

も参加した．第二に，国連のジェンダー政策の影響である．1967 年の国連総会で「女性差別撤廃宣言（DEDAW: the Declaration on the Elimination of Discrimination Against Women）が採択され，「国際女性年」とされた 1975 年メキシコシティ（Mexico City）で国連世界女性会議が開催された．さらに，1979 年の国連総会で「女性差別撤廃条約（CEDAW: the Convention on the Elimination of All Forms of Discrimination against Women）」が採択された．援助に期待する途上国として，政府，研究機関，NGO などが敏感に対応したのである．

1973 年グジャラート州のエラ・バット（Ela R. Bhatt）が設立した SEWA（the Self-Employed Women's Association）は，先駆的な NGO として知られる．雇用先も収入も持たない女性の経済的自立を促すべく，職業訓練と生産販売の支援プログラムを創出した．同じ頃に農村女性によるマイクロクレジットのプログラムを試行したのが，バングラデシュの NGO のグラミン銀行（Grameen Bank）である．ともに，貧困の克服と開発を焦点とする NGO であった．しかしまもなく，「ダウリー殺人」と「軍人や警察官のレイプ」がインドの女性運動を大きく動かすことになる．前者は，嫁の家から夫の家に渡す「ダウリー（婚資金）」をめぐって夫とその家族が新妻を殺害する事件であり，後者は，農村や紛争地域で兵士や警官が住民の女性をレイプし暴行する事件である．双方とも，それまでは司法で取り上げられることも稀だった［Kumar 1993］．

さらに 1980 年代になると，ジェンダーが政治問題化する．1980 年代前半，シャー・バーノー（Shah Bano）というムスリムの女性が，離縁させられた夫に扶養料を請求した訴訟事件が論争の的となった．妻側は刑事訴訟法上の遺棄罪で夫を訴え，夫側はイスラーム法典を根拠に防御した．最高裁判所は妻側勝訴の判決を示したが，法曹界を超える宗教や政治をめぐる大論争を引き起こした．もう一つの事件は，「寡婦殉死（sati）」である．1987 年のラージャスターン州で，ループ・カンワール（Roop Kanwar）という若い妻が命を落としたが，これが殉死なのか殺人なのかをめぐって大論争となった．殉死を称揚するヒンドゥーの保守派に対し，フェミニストや人権活動家，国家の世俗主義原則を支

持する人々は批判の声を上げた［Chhacchi 1989］.

「女性に対する暴力」という現象への関心の変化は，具体的なNGOの歩みにも表れている．ウッタル・プラデーシュ州南部のチットラクット県のNGOヴァナンガナ（Vanangana）を例に挙げよう．盗賊が出没し，ザミンダールと呼ばれる伝統的な地主が支配する貧しい農村地帯で，マダヴィ・ククレジ（Madhavi Kuckreja）というデリー育ちのソーシャル・ワーカーが，1993年，カースト身分も低い貧しい女性たちとともに立ち上げたNGOである．当初は，すでにNGOの定型モデルとなっていたマイクロクレジットと職業訓練のプログラムを開始したが，やがて暴力の問題が浮上する．焦点となった事件は，夫の暴力を理由に家を出た妻や娘を，ヒンドゥー右翼団体に支援を求めた夫が引き戻そうとするというものであった．宗教的な過激派や政治権力の威嚇の下で，ヴァナンガナの活動は，女性の経済的エンパワーメントという次元を越えて，人権擁護のためのアドヴォカシーへと変化した．被害女性を守り，警察や裁判に訴え，メディアを動かし，行政に働きかけ，座り込みデモを行う．ヒンドゥー至上主義団体の暴力的な脅しのために，一時はククレジやNGOの女性たちも身を潜めたという.

北京宣言の「女性に対する暴力」という概念は，こうした現実と戦う活動家や女性NGOに戦う武器としての言葉と戦略と国際的な連帯を与えたと言える．その背景には，人道的介入を軸とする「ボスニア・モデル」の影響があった［竹中 2006］.

(2) アフガニスタン戦争と人道的介入

2001年のアフガニスタンにおけるアメリカの対テロ戦争は，「ボスニア・モデル」を変形して南アジアに持ち込んだ．この武力介入に「テロ支援国家の打倒」に続いて「気の毒なアフガン女性を救え」という「人道的介入」の目的が加えられたからである．カブール（Kabul）陥落後，通信社のロイターが「ブルカ（*burqa*）を取る少女」という写真を配信したが，対テロ戦争と平和構築には

ジェンダーの色彩が与えられたのである．2001年12月にボン（Bonn）で開かれたアフガン平和会議にはアフガニスタンの女性代表が招かれ，翌年1月に東京で開催されたアフガン復興会議では，UNHCR を統括し，「人間の安全保障」基金の柱となった緒方貞子が議長を担った．武力介入によって倒されたのは，ムジャヒディーンの男たちであった［竹中 2010］．

国際社会の関与の中で非武装化と民主化が進められ，ロヤ・ジルガ（議会）の召集，暫定統治政権の樹立，新憲法の制定，大統領選挙と議会選挙が実施された．新憲法ではアフガニスタンはイスラーム国家と謳われたが，同時に女性の人権と平等も保障した．国連安保理 1325 決議の最初の事例とされたのがアフガニスタンであり，国連においては「女性とジェンダー平等に関する機関間ネットワーク」，「女性，平和，安全保障に関する機関間タスクフォース」が設置され，ジェンダーと女性の地位向上についての特別顧問が任命された．国連平和維持活動局，国連開発計画（UNDP），UNHCR，国連ハビタット，ユニセフ，ユニフェム（UNIFEM），世界食糧計画，国際移民機関，国際 NGO の「女性，平和，安全保障に関する NGO ワーキング・グループ」などが加わった［UN Security Council 2004］．

2004年10月，国連事務総長コフィ・アナンは「女性，平和，安全保障についての報告書」を安保理に提出し，1325 号決議以後の動向を報告した．「1325 号決議に基づく開発政策，アクション・プラン，ガイドライン，指標などが示され，幅広い主体のイニシアティブが取られてきた．ジェンダー分野の専門家へのアクセスを増やし，訓練を提供し，女性からの相談や参加を促進し，人権への注目を高め，女性団体のイニシアティブを支援した」．また，「1325 号決議は，市民社会組織によって，権利主張とモニターの道具として効果的に使用されてきた」．しかし，格差や課題は強く残るという警告も発した．「紛争予防や平和プロセスへの女性の参加，和平合意へのジェンダー・パースペクティヴの統合，人道的支援や復興プロセスにおける女性の貢献やニーズへの関心，意志決定過程における女性の代表性などである．過去数年間の性暴力とジェン

ダー的暴力の増加，適切な保護の提供についての失敗は，重要な課題だ」と述べた［UN Security Council 2004］．

(3) カシミール紛争とグジャラート暴動

さて，「ボスニア・モデル」とアフガニスタン戦争と戦後の過程が南アジアのジェンダー政治に与えた影響について，インドを事例に考えてみたい［竹中2004］．

まず，インドとパキスタンの間で紛争の続いてきたカシミールである．アフガニスタン戦争前後の時期，隣接するこの地域は緊張の激化と武力衝突を経験した．1998年5月インドが核保有を実施し，パキスタンも核保有で対抗したため，核戦争の危機が訪れた．ヒンドゥー至上主義を掲げるインド人民党のアタル・ヴァジパイ（Atal B. Vajpayee）政権とイスラーム政党を基盤とするナワズ・シャリーフ（Mian Nawaz Sharif）政権が対峙し，タリバーン勢力の後ろ盾とされるパキスタン軍が事態の鍵を握った．そうした状況下で，1999年春インド側が管轄するカシミールの拠点カルギル（Kargil）がイスラーム武装勢力に占拠され，その奪回を目指すインド軍と武装勢力の間で激しい攻防戦が続いた［TC 1］．

「古い戦争」としての領土紛争ではなく，人権侵害や難民を生み出す「新しい戦争」としてカシミール紛争が見直され，それまでとは異なる視点から人権侵害の調査が行われた．ヒューマン・ライツ・ウォッチのような国際NGOに並んで，国内のNGOや人権活動家が連携して調査団を組んで人々の証言を集め，長らく沈黙を守ってきた人々が，軍や武装勢力の報復を恐れながらも，口を開いたのであった．「軍の部隊が夫と息子たちを捜索しに来たが，彼らがいないとわかると，母娘に集団レイプを働き，部隊のキャンプに連れ去ってさらにレイプを加えた」と，1991年のドーダ県で起こった集団レイプについての証言が集められた．ボスニアと同じように，軍の兵士が集団で「武器としてのレイプ」を犯したことが判明したのである［Women's Initiative 1994: 21］．

しかし，加害者が兵士や警官である場合には，警察も味方とはならない．「2001年7月，ビホタ県の女性三人が警察に訴えを起こし，8人の兵士がレイプした性暴力の惨状について証言した」が，そののち加害者の兵士が村を訪れて，「『人権活動家はどこだ？　いなくなったら，誰も守ってくれないぞ』と脅した」という証言がある．また，女性の純潔を守れという禁忌の強い社会では，被害者が「穢れた存在」として虐待されやすい．1991年の大量レイプ事件後，女性たちが証言してBBCが報道すると，「その後の3年間，この村には婚姻の話は来なかった」．つまり，女性たちとその村に社会的制裁が下されたことも明らかにされた［PUDR 2001 : 19-20］．

国連事務総長コフィ・アナン（Kofi A. Annan）は，「1325号決議は，市民社会組織によって，権利主張とモニターの道具として効果的に使用されてきた」と語ったが，インドの人権活動家，NGO，ジャーナリスト，研究者，医療関係者，カウンセラー，ソーシャル・ワーカーなども，国際社会の動きと連動して，人権保護や被害者救済のための概念や政策を獲得した．専門家が調査し，人々の証言を集め，事態を解明し，市民社会や国際社会に訴え，政府や武装勢力の責任を追及し，人権保護と救済を求める．さらに，被害者が「沈黙の壁」を破り，自らの経験や感情を語り，トラウマを乗り越えるというサバイバーのケアが課題となった．人道的救済，エンパワーメント，アドヴォカシーを統合する方法は，ボスニアからアフガニスタンへ，そして南アジアへと伝播したのである［Butalia 2002］．

同じように，2002年にグジャラート州で起こった反ムスリム暴動に際しても，「ボスニア・モデル」の影響が観察された．工業や商業の発展してきた同州で，州政府発表ですら千名弱，NGOの調査では三千人近い人々が命を落とし，ムスリムに対するジェノサイドという言葉が使われる事態となり，十数万人の避難民が発生した．1992年12月のアヨーディヤ（Ayodhya）暴動では，ラーマ王子生誕記念寺の再建を叫ぶヒンドゥー過激派によってムガール帝国時代に建立されたバブリ・マスジットが破壊され，数千人のイスラーム教徒の

人々が殺害されたが，その10年後にグジャラートで暴動が引き起こされたのである．そのきっかけはアヨーディヤ方面からの列車で58名が殺害された事件で，ムスリムの暴徒が「ヒンドゥー義勇兵」を襲撃したという噂が拡散し，大都市アフマダーバード（Ahmedabad）を中心に数週間にわたる反ムスリム暴動を惹起させた［Mandel 2002］．

　カシミールと同様，NGO，ジャーナリスト，専門家，有志の市民が乗り出し，「真相究明委員会（Fact Finding Commission）」を結成した．ボスニア，ルワンダ，南アフリカなどの例に学び，州外や国外からの支援を得ながら事態を明らかにするために，インド人民党政権の弾圧やヒンドゥー至上主義団体の暴力に抗しながら，多くのボランティアが調査を行い，その結果をインターネットやメディアで発信した［Women's Panel 2002 : 6］．同年12月末には，「女性に対する暴力」についての国際的な真相究明委員会の開催も行った．ボスニアやルワンダをめぐる戦犯法廷や「慰安婦問題」についての国際法廷などに関わった専門家が，インドに招聘された．後に政府が設立した調査委員会や裁判の過程で，これらの調査結果は重要な役割を果たした［Concerned Citizens 2002］．

　暴動は過激派が周到に準備したものであったこと，ムスリムを攻撃させるために噂が計画的に流されたこと，警察を中心に政府がヒンドゥー過激派と共謀していたこと，レイプや残虐な性暴力が意図的に実行されたことなどが，次々と暴露された．しかし，「法執行機関の無為無策と政治代表の無関心」が顕著となり，「選挙で選ばれた議員，政府の閣僚，行政，警察などを含めて，国家機関が，市民を保護する責任を逃れてしまった」ため，人々の安全を図る有効な手立ては失われていたという［Independent Fact Finding Mission 2002 : 4-8 ; 18］．州や中央の政権は，襲撃された人々を保護し救済するためにではなく，外部からの介入を拒む防波堤としての機能を果たした．当時のナレンドラ・モディ（Narendra D. Modi）州首相は後にジェノサイドの法的責任を問われたが，2009年最高裁判所が彼を刑事訴追しない旨の決定を下した．

3 「破綻しない国家」の人権侵害

(1) 南アジアの武力紛争とジェンダー政治

このように，本章で「ボスニア・モデル」と呼んだ政策枠組みは，国連や各国政府のみならず，南アジアの多様な主体にも深い影響を与えてきた．それは，「破綻国家」「人権侵害」「女性に対する暴力」「介入」を連結するモデルである．そうした視点から，武力紛争とその特徴，紛争後のジェンダー政治などの要素を比較分析するために，**表 4-1** を作成してみた．

何点か指摘できる．第一に，武力紛争や大暴動にもかかわらず，主権の壁に守られたインドは国外からの介入を経験しておらず，内戦が続いたスリランカでさえ，1980 年代のインド軍の介入とその撤退以後は，大国からの干渉，とくに武力介入は受けなかった．介入を止めることのできた二国は，紛争後の制度変更をしておらず，大幅なジェンダー改革も進んでいない．

第二に，「ボスニア・モデル」を想起させる事例は，アフガニスタンとネパールである．先述のように，アフガニスタンの新憲法では男女平等が保障され，女性の議席を保障する制度が導入された．ネパールでは，2006 年 11 月の国内勢力（国王軍，反政府武装勢力マオイスト，議会諸政党の 3 派）による和平合意後，王政が終焉して共和制となり，さらに各政党が総数の 1/3 の女性候補者を立てると合意し，男女平等の選挙を通して憲法制定議会が選ばれた．国際社会の干渉や介入によって，平和構築の過程で新たな制度構築とジェンダー改革が為されたと言えるだろう [Manchanda 2008]．

興味深いことに，民主主義の伝統を誇るインドやスリランカより，軍政と不安定な民主主義を経験してきたパキスタンとバングラデシュのほうが，昨今はジェンダー改革を行っている．パキスタンでは国会の 60 議席が女性に留保され，2017 年の新選挙法では投票と公職への立候補に関しての女性差別に刑事罰が設けられ，各政党とも国会・地方議会選挙の候補者の 5% を女性に当てる

表4-1 ボスニア紛争後の南アジアの武力紛争とジェンダー政治（1996-2010年）

	アフガニスタン	パキスタン（アザド・カシミール）	インド（ジャム=カシミール州）	インド（グジャラート州）	ネパール	スリランカ
紛争の形態	国内・国際 1996-2001 内戦 2001-02 対テロ戦争	国内・国際 1998-2002 核武装・カルギル戦争	国内・国際 1998-2002 核武装・カルギル戦争	国内 2002 反ムスリム暴動	国内・国際 1996-2006 内戦	国内・国際 1996-2009 内戦
紛争の性格	内戦・対テロ戦争	領土紛争	領土紛争・宗教暴動	宗教暴動	内戦・農民反乱	内戦・民族対立
紛争地域	全土	アザド・カシミール	ジャム=カシミール州	グジャラート州	全土	北部・北東部地域
全国政権	【武装勢力統治→介入戦争→民主化・平和構築】タリバーン（1996-2001）；占領・暫定統治政権（2001-04）；カルザイ大統領政権（2004-14）	【民主政→軍政→民主政】パキスタン人民党（1994-96）・パキスタン・ムスリム連盟（1997-99）・軍政と表見的民政移管（1999-2008）・民主政（2008-）	【民主的政権交代】人民戦線（1996-98）・インド人民党（1998-2004）・インド国民会議派（2004-10）	【民主的政権交代】人民戦線（1996-98）・インド人民党（1998-2004）・インド国民会議派（2004-10）	【立憲王政→内戦→和平合意→民主化・平和構築】内戦（1996-2006）・和平合意・暫定政権（2006-08）・王政廃止/共和制/政権交代（2008-）	【民主的政権交代】スリランカ自由党（SLFP）・チャンドリカ・クマラトゥンガ大統領（1994-2005）；SLFP・ラジャパクシャ大統領（2005-15）
紛争地の地元政権	【タリバーン＋他の武装勢力統治→介入戦争→民主化・平和構築】	【パキスタン政府・軍の統制＋表見的な民主的自治】	【民主的政権交代＋大統領直轄統治】JK民族協議会（1996-2002）；JK人民民主党・会議派連合（2002-08）；大統領直轄統治（2008-09）；JK民族協議会・会議派連合（2010-14）	【民主的政権交代】インド人民党（1995-96）；大統領直轄統治（1996）；全国ジャナタダル（1996-98）；インド人民党（1998-14）	【立憲王政→内戦→和平合意→民主化・平和構築】	【内戦＋軍の統治】

紛争当事者	タリバーン, アルカイダ, 北部同盟, 英米の多国籍軍	軍, 国連PKO, カシミール人武装勢力, 外国のイスラーム武装勢力	軍, 国連PKO, カシミール人武装勢力, 外国のイスラーム武装勢力, ヒンドゥー過激派	ヒンドゥー至上主義勢力, 州警察, 軍	国王軍, マオイスト勢力, 他の武装勢力, 和平合意後はPKO	LTTEなどタミル人武装勢力, 他の武装勢力, 軍
紛争地の多数派	ムスリムのパシュトゥーン人	ムスリムのカシミール人	ムスリムのカシミール人	ヒンドゥーのグジャラート人	多様な民族の農民・先住民	タミル人
紛争地の少数派	他のエスニシティ・宗派	インド側からの難民, 他	ヒンドゥーのカシミール人, シーク, 仏教徒, 他	ムスリムのグジャラート人, 他	王党派, 地主, 北インド系, 他	シンハリ人, ムスリム, クリスチャン
全国の多数派	ムスリム, パシュトゥーン人が4割	ムスリム, パンジャーブ系やシンド系	ヒンドゥーが8割弱	ヒンドゥーが88%以上	ヒンドゥー王国でネワリ系の優位	シンハリ人
全国の少数派	ヒンドゥー, クリスチャン, 他の民族・宗派	ヒンドゥー, クリスチャン, 他の民族・宗派	ムスリム14%, シーク, クリスチャン, 他の民族・宗派	ムスリム10%弱, シーク, クリスチャン, 他の民族・宗派	ムスリム, クリスチャン, 他の民族・宗派	タミル人, ムスリム, クリスチャン, 他の民族・宗派
紛争後	多国籍軍の占領, 暫定政権, 平和構築	統制下の選挙・議会	選挙・州議会	選挙・州議会	国際支援, 平和構築, 民主化	政府軍の掃討作戦, 戦勝政権の戦後復興
紛争後の人権救済	国連機関, 多国籍軍, 各国政府, 国際・国内NGO, メディア	厳しい統制	統制下で国際・国内NGO, メディア, 政党など活動	統制下で国際・国内NGO, メディア, 政党など活動	国連機関, PKO, 各国政府, 国際・国内NGO, メディア, 政党	統制下で国際・国内NGO, メディア, 政党など活動
戦後のジェンダー改革	憲法でジェンダー平等, 女性議席クォーター制度	変革無し *全国では女性議席クォーター制度	変革無し	変革無し	憲法でジェンダー平等, 女性候補者クォーター制度	変革無し

（出所）筆者作成.

こととされた．ムシャラフ（Pervez Musharraf）大統領時代の地方政府計画では，地方議会の33％の議席が女性に割り当てられた．バングラデシュは国会350議席のうち50議席を女性に留保し，ネパールに並んで女性議員比率の高い国となった［Batool 2019］．

イスラーム国家パキスタン，そこから独立して世俗主義を掲げるバングラデシュはともにムスリムの多い国であり，宗教的な保守派や過激派も強い．しかし，両国ともアメリカ・EU・日本などや国際社会の支援を求め，とくにパキスタンはアフガニスタン戦争の前哨地としてテロと戦う民主主義国であると政治的にアピールする必要があった．とはいえ，人権を訴え女性解放を求める声も強い国々であり，内外の力が交差したところでジェンダー改革が制度化されてきたと考察できる．

(2) 国家主権の壁

次に，「破綻しない国家」について掘り下げてみたい．インドやスリランカのように，ジェノサイド，集団レイプ，大量の難民という事態が起こっても，統治能力を持つ国家が存在し，とくに国際問題化されなければ，外からの干渉や介入は行われない．アフガニスタンやネパール以外の「破綻しない国家」の状況である．

典型的なのがインドである．紛争地を含むジャム＝カシミール州は国連の平和維持活動の対象だが，インド政府は主権を強調して外部からの干渉を排してきた．連邦政府は，独立以来の憲法で広汎な自治権が認められていた同州に治安部隊を常駐させ，しばしば大統領直轄統治を敷いた．2019年11月には人民党政権の下でついにこの憲法条項が改定され，州の分割が行われ，縮小された新カシミール州は連邦直轄州に格下げされた．軍の占領下で多くのムスリム住民が逮捕・拘禁された．宗教対立の様相を帯び，ヒンドゥー過激派によるムスリム女性に対する暴行が頻発しているが，通常の司法手続きもむずかしい．

スリランカも介入を拒んだ国である．1980年代インドの平和部隊が介入し

たものの失敗し，その後は武力介入を防いできた．2000 年代初頭ノルウェーや日本が政府側とタミル・イーラム解放の虎（LTTE: Liberation Tigers of Tamil Eelam）の和平交渉に関与したが，それが頓挫した後，政府軍は 2006 年より徹底的な掃討作戦を開始し，武装勢力を一掃して 2009 年に内戦終結を宣言した．政府軍によるジェノサイドや難民や避難民の発生，ジェンダー的な暴力などが憂慮されたが，中国がスリランカ政府を支援していたため，安保理の非難決議には至らなかった．紛争後，国連との取り決めに沿ってスリランカ政府は戦時の人権状況に関する報告書をまとめたが，これも妥協の産物だった．

　人道的危機をめぐる国際社会の対応は不均等であり，「破綻しない国家」はもちろん，超大国や大国は国際社会の圧力を受けず，人権侵害も国内問題として放置されている．アメリカは国連安保理の支持なくイラク戦争を開始して空爆や捕虜虐待を行い，国際世論の非難を受けたものの国連安保理の非難決議もなく，制裁も受けていない．ロシアはチェチェンで武力弾圧を行っても見過ごされ，隣国ウクライナへの武力介入については国際的な制裁を受けてはいるものの，ウラジーミル・プーチン（Vladimir V. Putin）政権は強力に維持されている．中国はチベットやウイグルなどの少数民族の抑圧を続け，香港の民主化運動を弾圧しても，制裁や介入は受けていない．ここに，国際社会の明確な矛盾がある．

(3)　「人間の安全保障」プログラム

　冷戦後，日本は政府も民間も新しいニーズを抱える国際社会に積極的な貢献を行ってきたと言えるだろう．豊富な資金力と国際的な信用を背景に，カンボジアでの平和構築と復興支援に続いて，ボスニア紛争についても難民支援や復興支援に力を注いだ．小渕政権時代以降，UNHCR を率いた緒方貞子と UNDP 改革に多大な影響を与えたアマルティア・セン（Amartya K. Sen）の協力を得て，「恐怖からの自由」と「飢えからの自由」をめざす「人間の安全保障（Human Security）」プログラムを立ち上げる上で，中心的な役割を果たした．

南アジアは，「人間の安全保障」のプロジェクトを数多く受け入れた地域である[1]．なかでも，対テロ戦争後のアフガニスタンには多くの支援が為され，難民問題は UNHCR が担当した．アフガニスタンの隣国のパキスタンにも，複数のプロジェクトが実施されている．内戦を経験したネパールには，2006 年 11 月の和平合意後の休戦協定に基づいて UNDP や PKO の支援が行われ，国際協力機構（JICA）や自衛隊も協力した．

　スリランカは状況が異なる．国連安保理にはタミル人武装勢力に対する政府軍の掃討作戦が厳しい人権侵害を引き起こしたという訴えが提起されたが，政府側が勝利して内戦が終結したため，「人間の安全保障」プログラムの実行については複雑な緊張が存在していた．また，インド，バングラデシュ，ブータンのプログラムを見ると，紛争後の緊急支援というよりも，経済社会開発についての補完的な支援という色彩が強い．

　つまり，アフガニスタンやネパールには，「破綻国家」への人道的介入と平和構築を行うという「ボスニア・モデル」の枠組みに沿った性格のプロジェクトが試みられたのに対し，他の南アジア諸国については，各国の主権を脅かさない，「破綻しない国家」への国際的な支援の形を取ったと考えられる．

おわりに——紛争後社会のジェンダー改革——

　デイトン合意による紛争の終結から四半世紀が過ぎた．本章で示した「ボスニア・モデル」，すなわち「女性に対する暴力」を含む人権侵害やジェノサイドを引き起こす「破綻国家」に対して国際社会が「人道的介入」を行うという政策枠組みが，有効に機能したのか，機能しなかったのか，逆に多くの問題を発生させてしまったのかなど，客観的に評価すべき時を迎えているとも言える．その意味で，2018 年 9 月ボスニアでの現地調査は衝撃的だった．数々の関係者が，今日のボスニア問題の根源はデイトン合意にあるという見方を示されたからである．国連・アメリカ・EU・日本などの支援が減少し，国際社会

の手綱が緩められれば，暴力的な争いが再来する恐れがあるという懸念も共有されていた．

　同時期に独立したスロヴェニアやクロアチアはすでに EU 加盟国となり，紛争で加害国として扱われたセルビアも加盟の準備を進めている．だが，ボスニア連邦は EU 加盟に必要な法や制度を整えることができず，前進できないでいる．民主主義，人権保障，マイノリティの権利保障についての法制度改革をめざしても，3 つの構成体の代表が合意できないからだという．要するに，国際社会の介入によって紛争を停止することと，多民族の共存できる民主主義社会を建設することの間には，越えがたい溝があるというのである．1995 年にボスニアの平和構築に携わったインドのフェミニスト，ラーダ・クマール（Radha Kumar）は，印パ分離独立に引照して，「分割（partition）による停戦は禍根を残す．再帰できない社会の分断を生み出すからだ」と語る．

　分断社会においてはマイノリティやジェンダーが争点となり，男女平等，女性のエンパワーメントやアドヴォカシー，性暴力の真相究明などは，エスニック・ナショナリズムや宗教的ファンダメンタリズムの標的となりやすい．日常的には，政府や国連機関も男性優位の組織であり，ジェンダーへの理解が不足しており，ボスニアの平和構築過程では「非ジェンダー的な方法（a "ungendered" way）」で政策が施行され，「的外れで不適切な」結果を生んだとも指摘されている［Keaney-Michel 2010］．

　2020 年代に入っても，「破綻国家」や「脆弱国家」における人道的危機は依然として縮小していない．内戦の終わらないシリアでは，アメリカやフランスの攻撃によるイスラーム国（IS）の衰退後も，アサド政権を支援するロシアの攻撃が続き，隣国のイランやトルコからの介入が本格化し，悲惨な状況を招いている．人命が危険にさらされ，女性やマイノリティの迫害が行われ，難民・移民が移動している．だが，アメリカ・EU・日本などの先進大国が国連に協力して支援を行う傾向は減少し，自国中心主義と権力政治が横行する中，かつての「ボスニア・モデル」は有効性を失ったかに見える．

しかし，主権を持つ国家や諸国の集う国際機関の動きがジェンダー政策について失速するとしても，#MeToo 運動に見られるように市民の人権意識が強まり，ジェンダーに関わる運動や NGO のネットワークがグローバルに広がり，エンパワーメントやアドヴォカシーへの動きは加速している．おそらく，外部からの介入に頼って女性を救済し人権を保障するという発想を抜け出し，人々が相互に多次元的な支援を行い，民主主義や国際社会というものを使いこなして「人間の安全保障」を実現するという発想への転換が求められているのかもしれない［Kaldor 2003］．その意味で，人類にとって貴重な経験となったボスニア紛争と紛争後社会を人間的な視線から改めて見直す作業が求められている［Clark 2018］．

付　記
　本章は，日本国際政治学会 2019 年度研究大会ジェンダー分科会「武力紛争後社会の変容とジェンダー」（2019 年 10 月 18 日）での報告論文をもととした．

注
1) http://www.un.org/humansecurity（2020 年 3 月 3 日閲覧）.

◆参考文献◆
＜日本語文献＞
大串和雄編［2015］『21 世紀の政治と暴力——グローバル化，民主主義，アイデンティティ——』晃洋書房.
長有紀枝［2009］『スレブレニツァ——あるジェノサイドをめぐる考察——』東信堂.
多谷千香子［2005］『「民族浄化」を裁く——旧ユーゴ戦犯法廷の現場から——』岩波書店.
竹中千春［2010］「国際政治のジェンダー・ダイナミクス——戦争・民主化・女性解放——」『国際政治』161.
————［2006］「平和構築とジェンダー」，大芝亮・藤原帰一・山田哲也編『平和政策』有斐閣.
————［2004］「女の平和——犠牲者から変革の主体へ——」『講座　戦争と現代　第 5

巻　平和秩序形成の課題』大月書店.

月村太郎［2006］『ユーゴ内戦——政治リーダーと民族主義——』東京大学出版会.

————［2013］『民族紛争』岩波書店.

＜外国語文献＞

Annan, K.［2013］*Interventions : A Life in War and Peace*, New York : Penguin Books.

Asia Watch, A Division of Human Rights Watch and Physicians for Human Rights ［1993］*The Human Rights Crisis in Kashmir*, New York : Human Rights Watch.

Batool, F.［2019］"Female Representation in the Parliament : What Pakistan can Learn from India," *South Asian Voices*, July 12, 2019.

Butalia, U.［1998］*The Other Side of Silence : Voices from the Partition of India*, New Delhi : Penguin Books India（藤岡恵美子訳『沈黙の向こう側——インド・パキスタン分離独立と引き裂かれた人々の声——』明石書店, 2002 年）.

Butalia, U. ed.［2002］*Speaking Peace : Women's Voices from Kashmir*, Delhi : Kali for Women.

Chhacchi, A.［1989］"The State, Religious Fundamentalism and Women : Trends in South Asia," *Economic and Political Weekly*, March 18.

Clark, J. N.［2014］*International Trials and Reconciliation : Assessing the Impact of the International Criminal Tribunal for the Former Yugoslavia*, New York : Routledge.

————［2018］*Rape, Sexual Violence and Transitional Justice Challenges : Lessons from Bosnia-Herzegovina*, London : Routledge.

Concerned Citizens Tribunal-Gujarat 2002［2002］*Crime Against Humanity : An Inquiry into the Carnage in Gujarat*, 3 vols., Mumbai : Anil Dharkar for Citizens for Justice and Peace.

Gutman, R.［1993］*A Witness to Genocide*, New York : Macmillan.

Helman, G. B. and Steven, R. R.［1992/1993］"Saving Failed States," *Foreign Policy*, Winter/3–20.

Helms, E.［2013］*Gender, Nation, and Women's Activism in Postwar Bosnia-Herzegovina*, Madison : The University of Wisconsin Press.

Ignatieff, M.［1997］*The Warrior's Honor : Ethnic War and the Modern Conscience*, New York : Henry Holt and Co.

Independent Fact Finding Mission, An［2002］*Gujarat Carnage* 2002 *: A Report to the Nation*, April.

Kaldor, M.［1998］*New and Old Wars : Organized Violence in a Global Era*, Oxford :

Polity Press.

―――― [2003] *Global Civil Society : An Answer to War*, Oxford : Polity Press.

Keaney-Michel, C. [2010] "A Gendered Approach for Policy in United Nations Peacekeeping Missions," in R. M. Chandler, et al. eds., *Women, War and Violence*, New York : Palgrave Macmillan.

Kumar, R. [1997] *Divide and Fall? : Bosnia in the Annals of Partition*, London : Verso.

―――― [1993] *The History of Doing : An Illustrated Account of Movements for Women's Rights and Feminism in India, 1800-1990*, New Delhi : Kali for Women.

Manchanda, R. [2008] "Waiting for 'Naya' Nepal," *Economic and Political Weekly*, 43(29).

Mander, H. [2002] "Cry, the Beloved County : Reflections on the Gujarat Massacre," (http://www.sysindia.com/forums/General_Discussion/posts/31101.html, 2020 年 3 月 3 日閲覧).

People's Union for Democratic Rights (PUDR) et al.[2001] *Grim Realities of Life, Death and Survival in Jammu and Kashmir*, Delhi : Hindustan Printer.

Reimann, M. [2017] "Despite Genocide and Rape in Bosnia : U.S. intervention was a tough sell for the public," (https://timeline.com/bosnia-genocide-clinton-intervention-eff0412b3b5b, 2020 年 3 月 3 日閲覧).

UN Security Council [2000] Resolution 1325, S/RES/1325. (https://www.un.org/ruleoflaw/files/res_1325 e.pdf, 2020 年 3 月 3 日閲覧).

―――― [2004] SC/8230, 28 October 2004. "Day-Long Security Council Debate on Issue of Women, Peace, Security : Problems of Oppression, Exploitation Stressed," (https://www.un.org/press/en/2004/sc8230.doc.htm, 2020 年 3 月 3 日閲覧).

UN Women [2014] *The Beijing Declaration and Platform for Action : Beijing+5 Political Declaration and Outcome* (https://www.unwomen.org//media/headquarters/attachments/sections/csw, 2020 年 3 月 3 日閲覧).

Women's Initiative [1994] *Women's Testimonies from Kashmir : "The Green of the Valley is Khaki*," Bombay.

Woodward, S. L. [2017] *The Ideology of Failed States : Why Intervention Fails*, Cambridge : Cambridge University Press.

第 **5** 章

国防改革の成功と代償
——ボスニアとインドネシアの考察——

本名　純

はじめに

　紛争後の国家再建や，独裁政権からの民主化移行などに伴う治安部門改革（SSR：Security Sector Reform）は，冷戦後国際社会の課題であり，各地で様々な取り組みが行われてきた．とりわけ，国防を担う国軍をどう新しい政治体制下に組み込んでいくかは，紛争後移行にしろ，民主化移行にしろ，国家安定を左右する最重要課題に位置づけられてきた．その点，ボスニアもインドネシアも共通の課題を抱えていたといえる．もちろん両国は，歴史も文化も違えば，地政学的環境も違う．しかし，「ポスト紛争」と「ポスト権威主義」の国家再建のプロセスにおいて，国防組織をどう管理していくかという問題に，両国の政治リーダーたちは直面したことに違いはない．そこにはどのような共通性がみられるのか．それを考えるのが本章の目的である．

　一般的に，ポスト紛争国の場合，国家建設（state-building）の一環として国軍の再建が行われる．紛争下で対立してきた各武装組織の武力解除と国軍への統合が典型的な課題となる．ボスニアは，まさにそのケースであるが，アジアでも東ティモールの経験がそれに近く，紛争後の国軍のあり方を巡って類似のジレンマを抱えてきた．

　一方，ポスト権威主義国における民主化移行のプロセスでは，これまで政治

介入が日常だった国軍を政治から退出させ，国防に専念させるための組織再建が求められる．そこでは，文民優位やシビリアン・コントロールといった制度の構築や，非軍事部門に関わる部隊の廃止，さらには過去の人権侵害に対する処罰などの改革が期待される．インドネシアは，まさにそのケースである．

　ボスニアもインドネシアも，それぞれポスト紛争とポスト権威主義への体制移行において，国軍の管理を慎重に行ってきた．管理に失敗するリスクは容易に想像された．ボスニアであれば紛争に戻るというリスクであり，インドネシアであればクーデターなどの手段によって民主化が挫折するリスクである．しかし，両国とも国軍を安定的に管理することに成功したと国際社会の高い評価を受けるに至っている．その成功はどのようにもたらされたのか．その代償は何なのか．それを理解することで，これまで比較されることはほとんどなかった両国について議論する意味が見えてこよう．

　以下では，まず第1節で，紛争後のボスニアにおける国防改革 (defence reform) について見ていく．第2節では，そのボスニア国軍の抱える問題を考察する．第3節ではインドネシアに目を向け，民主化移行と国防改革に焦点を当てる．第4節では，そのインドネシア国軍の抱える問題を議論する．この2国の国防改革にどのような共通点がみられるのか．それを探るのが本章の目的である．

1　ボスニアにおける国防改革

　1995年のデイトン和平合意によって，ポスト紛争時代のボスニアがスタートする．治安部門の再建は，NATO の主導が約10年間続いた．NATO は，まず和平遂行部隊 (IFOR) を組織し，続いて平和安定化部隊 (SFOR) の中心となって，2004年まで国内の治安管理を主導した．その間，デイトン合意を受けて，上級代表部事務所 (OHR: Office of High Representative) が1997年に設置され，いわゆる「ボン・パワー」と呼ばれる内政介入権限を持って，治安部門

改革を進めていこうとした.

　そのOHRがすぐに直面したのが，警察改革の問題である．国家の治安といえども，ボスニア人，セルビア人，クロアチア人といった主要民族を横断して国家警察の権限を強めるのは困難であり，構成体の警察，さらにはカントンにも自律した警察組織を残すことになった．民族間の相互不信を反映したものであり，その結果，構成体を横断する犯罪捜査協力などは不可能ではないにしろ，手続きが困難であり，実質的にはあまり行われない．各構成体で完結するという治安ガバナンスになっている[Hadzovic, Krzalic and Kaovacevic 2013]．国家警察の内部も，幹部ポストから末端まで，民族ごとに分断 (fragmentation) されており，国全体の治安という視点から民族の垣根を超えた警察活動を行うという試みは皆無に等しい[Muehlmann 2008；Weber 2015]．各行政レベルの警察組織における汚職体質も根深い[Donais 2013]．

　このような国内の警察改革の限界に直面したOHRは，国防部門の再建に期待をかけた．国内治安と違って，国防という国家全体のミッションであれば，民族の相互不信を超えて，国のシンボルともなる国防組織を作れるという期待もあった．OHRとNATOのリーダーシップにて，ボスニア側の政治指導者たちを交えて国軍再建を議論する国防改革委員会 (Defence Reform Commission) が設立された．この委員会における国防改革のスローガンは，「単一国防省と単一国防部隊の設立」であり，「将来NATOやEU加盟を見据えたNATO基準の国防制度の構築」であった[Defence Reform Commission 2003；2005]．そのビジョンに基づき，関係者は議論と交渉を進め，その結果，2004年にボスニアに国防省が設置され，その翌年の2006年にボスニア国軍 (AFBiH) が誕生した．主要3民族が妥協しあって，紛争時に各々が保持していた民族の陸軍（ボスニア共和国陸軍，スルプスカ共和国陸軍，クロアチア防衛評議会）が国軍に移管されることになった．そのため，この新しい国軍は，民族の違いを超えた国家の軍隊という意味合いを持ち，和平成功のシンボル的な存在として国際社会にも評価されることとなった．

とりわけ NATO の活動や国際 PKO に参加することを通じて，ボスニアの国軍というアイデンティティを国際的に印象づけてきた．NATO との関係でいえば，2007 年から「個別パートナーシップ行動計画」を取り決め，将来のNATO 加盟を前提とした国防改革の相互協力を掲げている．さらにはアフガニスタンにおける国際治安支援部隊（ISAF）への派遣や，イラク多国籍軍への派遣，コンゴ共和国への派遣などを通じて，ボスニア国軍の「成功」イメージが国際的にアピールされていった[1]．

2 ボスニアにおける国防改革の限界

このような対外的なイメージによって形成されてきたボスニアにおける国防改革の成功ストーリーは，デイトン合意後に治安部門改革をリードしてきたNATO や OHR，そしてボスニア国内の民族政治エリートたちが，和平後に協力して新しいものを作ったという成果の象徴であり，そのコンセンサスを否定する力学は国際政治にも国内政治にも存在しなかった．しかし，2006 年の国軍誕生から 10 年以上が経ち，組織内部には様々な改革の限界が目立つようになっている．そして，その限界は国内政治と密接に関わっている．とりわけ，OHR の役割低下や，欧州の地政学的変化，さらには国内における EU や NATO加盟というインセンティブの低下などの問題と連動している［Maxwell and Olsen 2013］．

改革の限界は，軍内の脱政治化の限界でもある．国軍内部が民族分断を反映して，国内紛争の原因になる可能性は極めて低いものの，国軍が民族間政治の「争い場」になる傾向が強まっている．それは，デイトン合意から 10 年も経ち，OHR による国際介入が薄れていく中で，民族間の相互不信が薄まるどころか強化され，それが国軍の内部にも影響を及ぼしているという構図である［Juncos 2018］．

「ローカルオーナーシップの強化」という名のもとで国際介入が薄まるな

か，ボスニア人の政治エリートは，国家のガバナンス能力が向上しない理由や経済停滞の原因を，セルビア人やクロアチア人による民族ナショナリズムや分離主義にあると考える．そういう障害を取り除くためにも，過去のジェノサイドに対する正義の要求を訴え続けることが必要だという政治スタンスをアピールする．セルビア人政治エリートは，デイトン合意の原則のみが正統性を持つと訴え，彼ら（とスルプスカ共和国）に対する国際社会とサライェヴォの「行き過ぎた介入」を非難してきた．クロアチア系政治エリートは，3主要民族の平等を訴え続けており，その延長で独自の構成体かそれに準ずるものの設立を求めてきたが，ボスニア人に無視され，民族は周辺化されてきたという不満が蓄積していった[2]．

　さらに問題を複雑にしているのがボスニア人を中心とした宗教アイデンティティの高まりであり，ボスニア連邦こそイスラムの拠点になるべきだと主張する民族宗教ナショナリズム（ethno-religious nationalism）の勃興である．彼らは，ボスニアの隣国には，クロアチア人やセルビア人が宗教アイデンティティを同じくするクロアチア共和国とセルビア共和国がすでにあるとし[3]，そういう国家を持たないボスニア人こそ，ボスニア連邦をイスラム・アイデンティティに基づく国家にしていく必要があると訴える[International Crisis Group 2013]．そして，この宗教的アピールが，逆にクロアチア人やセルビア人の政治エリートにも利用されてきた．「ボスニアが過激イスラム化しつつある」と脅威認識を煽り，独自路線を強調することの正統性を民族内部で高めている．このように，相互に他民族の脅威を煽り続けることで，民族共同体のなかで，政治エリートと庶民のパトロン・クライエント関係の強化が図られるわけである．その意味で，「民族間対立」は各民族の政治エリートの既得権益維持にとって，実は共通の武器になっていることがわかる．

　そして，国軍もその民族エリートの政治的駆け引きの材料になっていった．ボスニア国軍の規模は，隣国と比べて小規模なものである．当初の計画では，1万人の現役兵士，1000人の文官，そして5000人の予備兵を整備する予定で

あったが，国軍誕生後，5年経った2011年の段階でも，文官を含めて約1万人に留まっている．そして，その国軍の民族内訳は，ボスニア人約45%，セルビア人約33%，クロアチア人約20%となっている［Bassueners 2015］．隣国のセルビア共和国はその3倍，クロアチア共和国はその2倍の兵力を持っていることを考えると，バルカン地域において，いかにボスニア国軍が小規模な存在なのかがわかる．地域の安全保障バランスから見て，ボスニア国軍の規模拡大は妥当な路線だと考えられているものの，国内的な理由で，その実現が困難になっている．問題は，兵力増強の適正規模について，主要民族間でコンセンサスが作れない点にある．上述のように，ボスニア人は民族ナショナリズムと重なり，自民族の兵士を増強することが国防の要だと主張するが，セルビア人やクロアチア人の政治エリートは，それではバランスが崩れると警戒する．

　とくに近年では，セルビア人と，彼らの構成体であるスルプスカ共和国が，ボスニア人の国軍増強論に強く反対を示すようになった．スルプスカ共和国は，デイトン合意当初から，ボスニアのNATO加盟に否定的であった．1999年の空爆の記憶が強く残っているだけでなく，近年ではロシアの強い影響もある．現ボスニア大統領のセルビア人メンバーであるミロラド・ドディク（Milorad Dodik）（スルプスカ共和国首相）は，公然とNATO加盟のイニシアティブに対して拒否権を使い，もしボスニアがNATOに加盟するのなら，セルビア人構成体であるスルプスカ共和国はボスニアから分離すると訴えている．

　このドディクを支援するのがロシアである．プーチン大統領率いるロシアは，欧州におけるNATOとEU勢力の拡大をバルカン半島でブロックするための安全保障戦略として，ボスニアの政治不安定を利用する．2018年には，ロシアで秘密訓練されたセルビア人民兵組織が，ドディクの独立主義を支持する活動をボスニア国内で行うまでになった［Gadzo and Karcic 2019］．同時に，ソーシャルメディアを通じて，いかにEUやNATOがセルビア人の脅威になるのかを拡散するサイバー・プロパガンダも，ロシアの情報戦の一環として行われるようになっている．

このロシアという後ろ盾と共に，スルプスカ共和国は，ボスニア国軍の弱体化を目論んでいると見られている．セルビア人政治エリートは，ボスニアの国家予算で一番無駄が多いのが国防予算であると主張しており，国防予算の削減を訴え，予算通過の承認を拒否したり延期したりしてきた．その結果，国防部門は資金不足に悩まされている．兵士の給与にも深刻な影響を及ぼしており，低賃金（末端兵士で月に約300ユーロ）や給与未払いで，除隊する兵士が増えている．給与を上げる法案も議会でブロックされてきた．その先頭に立つのがセルビア人議員であり，ドディクも「国軍よりも構成体の警察強化のほうが国防に役立つ」と訴えている［Sito-Sucic 2019］．

予算問題だけでなく，国軍の役割についてもセルビア人政治エリートは批判を強めている．特にテロ対策でいかに国軍が役割を果たしていないかを訴えてきた．国軍はテロ対策に積極的でないとし，9.11後の世界情勢で，トルコや中東からのイスラム過激主義の国内流入を警告しつつ，それでも国家が積極的な対策に出ない理由を間接的にボスニア人の宗教と結びつける言説を普及してきた．

このような数々の批判と共に，スルプスカ共和国のリーダーたちは，国軍の意味がないのであれば，単に国際PKO部隊だけを残して，他の役割は各構成体の管理下でシビリアンの組織に任せればよいと主張するようになっている．こういう発想は，実質的には国軍の形骸化であり，ボスニア国家の「非軍事化」を目論んでいると言えよう．

このようなエスニック・ポリティクスが各民族の政治エリート間で加速する中で，国防省や国軍の主要ポストも，連動して政治化してきた．国防省の文民幹部ポストは，他の省と同じく政治任命であり，民族政党のパトロネージが決定的に重要になる．セルビア人の国防省幹部であれば，当然，彼らの議会政党である独立社会民主同盟（SNSD）のアジェンダに沿うことを期待され，ボスニア国軍の装備調達の妨害をするなどが国防省内での役割になる．国防予算の削減も彼らの役割である．逆に，こういう妨害にどう対応するかがボスニア人幹

部の組織内政治となる.

　国軍内部も同じであり，民族政党とコネがないと昇進は困難である．しか
も，数に限りがある将官ポストは，すでに民族配分が固定化しているため，そ
のポストにつけるかどうかは，他民族の将校との競争ではなく，自民族内部の
競争になっている．その競争で重要になるのが，自民族政党の内部で，誰がそ
の将校のパトロンかという点であり，このようなパトロネージ政治が，国軍幹
部人事に横行している．ボスニア人将校であれば，頻繁にモスクに通って礼拝
したり，メッカに巡礼したりして，民主行動党（SDA）幹部に自らの宗教性や
イデオロギーをアピールする競争が重要になる.

　将校団の民族的分断は，当然，組織のプロフェッショナリズムの向上への弊
害にもなっている．特に外国での軍事教育・訓練は，能力向上で重要な役割を
果たすわけであるが，これも効果的な機会になっていない．その理由は，将校
は民族ごとに違った国に教育・訓練に出向くからである．ボスニア人の将校で
あればトルコのアンカラにトレーニングに行き，セルビア人であればセルビア
共和国へ，クロアチア人であればクロアチア共和国のザグレブ（Zagreb）に行
く．これでは，実質的に教育・訓練の標準化・シンクロ化は期待できない．む
しろ将校団の分断化に貢献しているといえる.

　国軍の幹部レベルの政治化が顕著な一方で，現場の部隊レベルではどういう
状況にあるのか．2006 年の国防改革の要は，紛争下で対立してきた 3 民族の
陸軍の統合にあった．その 3 軍が統合されたことで国軍が成立し，それがポス
ト紛争時代のボスニアにおける国防改革の「成功」という国際評価の基礎に
なっている．しかし，この「統合」には大きな妥協が存在した．その妥協が
「連隊システム」（regimental system）と呼ばれるものの設置である．確かに戦時
下の 3 民族部隊は制度としては廃止された．しかし，それらの部隊は新たな連
隊システムに移行し，独立性・排他性も維持されたままとなった．このシステ
ムは，国軍の主戦力である歩兵部隊を，地域ごとに 3 つの連隊（regiment）に
分け，その連隊の指揮権を 3 つの民族で分割したものである（**図 5-1** を参照）.

第5章 国防改革の成功と代償

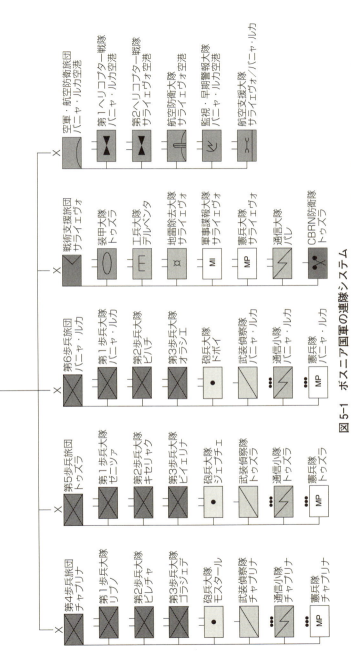

図5-1 ボスニア国軍の連隊システム

(出所) https://en.wikipedia.org/wiki/Armed_Forces_of_Bosnia_and_Herzegovina#/media/File : Armed_Forces_Bosnia_Herzegovina_-_Operational_Command.png をもとに筆者作成。

101

具体的には，トゥズラ（Tuzla）に拠点を置き，ボスニア人が指揮する歩兵連隊，クロアチア共和国との国境に近いチャプリナに拠点を置き，クロアチア人が指揮する歩兵連隊，スルプスカ共和国のバニャ・ルカに拠点を置き，セルビア人が指揮する歩兵連隊の３つである．この各連隊の「指揮下」に，それぞれ３つの歩兵大隊が置かれており，その大隊は，どれも排他的に民族別で構成されている．したがって，連隊の指揮と言えども，実際に影響力を発揮できるのは自民族の大隊のみで，連隊下の他の２つの大隊は他民族の指揮下にあり動かせないというのが実態である．大隊においては，各々民族の記章をつけ，地元の民族政治エリートや退役軍人などが頻繁に訪れ，大隊に対して民族イベントへの貢献を重視するように要請する．これが大隊での日常である．

このように，形式的に統合された戦時下の３つの民族部隊は，それぞれ形を変えて温存されている．そして，この温存こそが「統合」を可能にした妥協なのである．現状よりもディープな統合を期待するのは困難であり，そうすることの政治的コストも大きい．ボスニア国軍は，このようなセンシティブな民族勢力バランスの上に成り立っている．国の政治が安定していれば，国軍の不安定化の問題も表面化しないと思われるが，近年のスルプスカ共和国の動きや，ロシアの介入，さらにはボスニア人ナショナリズムの高まり，EUの加盟国拡大のインセンティブ低下といった情勢を鑑みると，ボスニアの国内政治環境は，さらなる民族的分断の深化に向かっていると思われる．この流れが国軍内部に反映され，組織が不安定化してくという悲観的なシナリオを議論しても不思議ではない時代に入ろうとしているのかもしれない．

また，現在では軍人の政治関与は法的に禁止されており，これも軍内安定を支える重要な制度となっている．しかし，直接政治に関与しなくても，もし国内の治安問題に国軍がより積極的な役割を求められたとき，おそらく国軍は内部で対立を先鋭化させ，より政治性の強い組織に変容していく可能性は否定できない．実際，治安問題を担当する警察は，年々政治化していると多くの国民が認識している [Kržalić 2017]．国軍がそうならないのは，治安に関与する度合

いが少ないからでもあろう.

これらを踏まえると，ポスト・デイトン合意のボスニアにおける国防改革と政軍関係の安定という国際社会が「成功」と評価するものが，いかに脆弱なものかが理解できるだけでなく，その成功の秘訣も浮き彫りになろう．それは，平和構築のプロセスのなかで，新しい組織を作って古いものを壊すということではなく，逆に古い体質を温存することで安定を維持するという逆説的な力学である．この安定は，政治状況に依存する．主要民族の政治エリートたちが，今後どのような既得権益の維持・拡大を目論んで国軍を政争の具にしていくのか．セルビア系民族リーダーたちは，上述のような国軍批判を展開するものの，本当に解体までを望んでいるのかというと，現段階では必ずしもそうではない．様々な民族間の政治的駆け引きの一環で，国軍問題をイシュー化している側面が強い.

その背景には当然地域の国際政治がある．紛争後ボスニアの政治の安定化に強いコミットメントを持っていたEUも，ボスニアを加盟国に加えるという意欲は20年前と比べて大きく低下している．特に財政問題，移民問題，イスラム主義などの観点から，EUはボスニアの加盟にあまり積極的でなくなっている．逆にロシアはボスニアへの関与を強めている．このような地政学的な戦略シフトが，ボスニアの国内政治に大きく影響しており，その文脈で国軍の諸問題も理解されるべきであろう.

以上，ポスト紛争時代のボスニアにみる国防改革の光と影を見てきた．それを念頭に，他の国の事例をみることで，どのような発見があるのか．以下ではインドネシアの事例を考察していきたい.

3　インドネシアの民主化移行と国防改革

インドネシアでは1998年のスハルト（Soeharto）権威主義体制（1966-1998）の崩壊に伴い，政治の民主化が進み，それまで政治の主要アクターであった国

軍も，政治からの撤退と国防への専念を柱とする国防改革を迫られた．それ以降，今日に至るまで，隣国のフィリピンやタイのように，クーデターで文民政権を転覆（未遂も含む）するような行動を見せたことはない．むしろ，民主化当初から国防改革の工程を示し，非軍事部門の行政ポストからの撤退，中央と地方の議会での国軍議席の廃止，選挙での中立，警察との分離とそれに伴う役割の分化（治安は警察，国防は国軍），国軍のビジネス活動の廃止などが合意され，国軍は民主化をバックアップすることが確認された．このことが，国際社会の目にはインドネシアが民主化の好事例であり，その秘訣が国軍改革にあると理解される所以である．この点はボスニアと似ている．

　しかし，そのことは，国軍が政治に関心を失ったとか，政治に影響を及ぶす力を失ったということ別問題である．フォーマルな政治プロセスからの制度的な撤退は，政治力行使の喪失を必ずしも意味しない．むしろ政治力行使の手法が変化しているのであり，それが効果を発揮しているがために，国軍は文民主導の民主政権下で，様々な不満はあるものの，政権転覆を図るようなモチベーションを持たないのである．では，どのような手法で政治力を発揮するのか．それを理解するために，民主化後に政治を安定させたと評価されているユドヨノ政権時代（2004-2014）に特に焦点を当てたい．

　ユドヨノ（Susilo Bambang Yudhoyono）以前のインドネシアでは，1998年のスハルト退陣に伴い，国内治安が大きく不安定化した．東ティモールやアチェ，パプアでの分離独立運動や，西・中カリマンタンでの民族紛争，中スラウェシやマルク諸島での宗教紛争，さらには首都ジャカルタ（Jakarta）や近郊での爆弾テロの頻発などが，ポスト・スハルト時代の政権を悩ましてきた[4)]．1998年から2004年までの各政権は，すべて深刻な国内治安問題に直面し，国際社会もインドネシアという国家が分裂（バルカン化）とまで行かないものの，かなり不安定化する可能性について少なからず心配してきた．

　しかし，2014年10月にユドヨノ政権が誕生すると，それらの大規模な暴力は徐々に収束し，その後10年間で国内治安は大きく向上していった．アチェ

では紛争後の「和平」がそれなりに定着し、パプアでも分離運動は下火になり、スラウェシやマルクの住民紛争も縮小に向かい、国際テロリストの脅威も低下した。このことが、「ユドヨノの時代」を「安定の10年」と高く評価する国際社会の認識の源になっている。なぜユドヨノ時代に国内治安は飛躍的に向上したのか。その秘訣は何だったのか。

伝統的に、インドネシア国軍は対外的な国防よりも国内の反乱勢力に対する軍事鎮圧を主なミッションとしてきた。1950年代から60年代にかけてはダルル・イスラームの鎮圧、70年代中頃以降は東ティモールの反政府勢力の弾圧、そして80年代にはアチェの反政府ゲリラ「自由アチェ運動」(GAM) 対する軍事作戦が盛んになった。しかし、スハルト退陣の翌年には東ティモールの独立が決まる。アチェもスハルト後に紛争が激化したものの、ユドヨノ政権下の2005年8月にヘルシンキ和平合意が結ばれ、アチェ州に特別自治を認めるかわりにGAMの運動も終えるという約束で、30年以上に渡る武力紛争に終止符を打った。

このヘルシンキ和平合意は、国軍にとって重大な転換期となった。なぜなら、歴史的に初めて反乱鎮圧の現場がなくなり、「平和な時代」の国軍のあり方が問われることを意味していたからである [Honna 2008]。「敵」が消滅した国軍を今後どのように導けばよいのか。ユドヨノはその舵取りを迫られた。

彼がまず手がけたのは、エリート将校の新しいキャリアパスを示すことだった。これまでは野戦のコンバット経験、とくに反乱鎮圧のための奇襲攻撃や秘密工作を専門に行う陸軍特殊部隊 (Kopassus) で成果を上げることがエリート将校への近道であった。ユドヨノ大統領は、この「伝統」を変えようとした。昔ながらの秘密戦ではなく、より国防に近い軍事能力を発揮する部隊に力を入れる。なかでも、ユドヨノは精鋭兵士が集まるパラシュート部隊 (陸軍戦略予備軍空挺部隊) を重視した。彼自身も同部隊の出身であることから身近に感じていたのであろう。エリート将校へのキャリアパスとして、この部隊でよい成績を積むことが成功への切符となっていった。

また，陸軍士官学校時代の学業成績も，昇進においてよりインパクトを持つようになった．ユドヨノ自身は 1973 年度の主席卒業であるが，彼が優遇してきた将校は同じく主席卒業生が多い．ブディマン（Budiman）元陸軍参謀長（78 年卒），ムルドコ（Moeldoko）前国軍司令官（81 年卒），エルウィン（Erwin）国軍戦略情報局長（82 年卒），エディワン（Ediwan）国防省事務局長（84 年卒），シブリアン（Siburian）陸軍教育訓練司令部歩兵装備センター長（86 年卒），ヘリンドラ（Herindra）陸軍特殊部隊副司令官（87 年）などが各年度の主席卒業生である．これは全身筋肉の「野戦派」ではなく「勉強ができる」将校の展望が明るいことを示していた．

さらに，ユドヨノ大統領に直接仕えた経験を持つ将校も，昇進の早さが目立った．典型例がムニール（Munir）前陸軍参謀長であり，彼は 2004 年から 5 年間，ユドヨノ大統領の副官を務めている．上述のエディワンも 2010 年から一年間，大統領秘書官を経験している．ジャカルタ軍管区司令官のストモ（Sutomo）も，大統領親衛隊 A グループ司令官を務めた過去がある．2009 年から 2013 年までユドヨノの副官であったアグス・ロマン（Agus Rohman）は，戦略予備軍第一歩兵団参謀長に昇進している．このように，ユドヨノは自分の側に次世代の有望格を置き，彼らと直接対話しながら軍内の世代交代を進めてきた．

こういうユドヨノの軍内管理をサポートしてきたのが側近サークルである．その中心人物が，士官学校時代の同期で 2006 年に国軍司令官に抜擢したジョコ・スヤント（Djoko Suyanto）（ユドヨノ第二次政権（2009–2014）では内閣入り），昔からの部下でスヤントの後任として国軍司令官に指名したジョコ・サントソ（Djoko Santoso），義理の兄で 2006 年に陸軍戦略予備軍司令官に抜擢したエルウィン，そして義理の弟で 2011 年に陸軍参謀長に任命したプラモノ（Pramono）である．この四人は，平たく言えば幼なじみと子分，そして兄弟分である．このきわめてプライベートなインナー・サークルがユドヨノの目となり耳となり，「平和な時代」の国軍の舵取りを行ってきた．

4　インドネシアにおける国防改革の限界

　その舵取りで最大の課題は，新たな環境に国軍を適応させることであった．国内の戦争がなくなれば，当然，国軍の役割の見直しという話が出てくる．それは，軍事予算の縮小や組織のスリム化という議論になりかねない．そういう政治の圧力を不安に思うエリート将校は少なくなく，彼らにとって平和の到来は憂うべき事態でもあった．ユドヨノの政策次第では，軍内の反発が大きくなる可能性もあった．

　その背景の下，彼が行ってきたのは，「平和の配当」を国軍に提供することだった[5]．第一に，国防予算をカットするのではなく，むしろ組織的近代化という目標を掲げて大きく増やした．2004 年に 20 兆ルピアほどであった国防予算は，毎年右肩上がりに増え，2014 年には約 4 倍の 83 兆ルピアとなった．

　また国軍の役割を見直す抜本的な国防改革も棚上げにした．例えば 2004 年に制定された国軍法が定めたビジネス活動の廃止についても，国軍保有企業の国営化に向けた調査をすると決めただけで，廃止のタイムリミットであった 2009 年には，大統領令を出して国有化しない方針を打ち出した．そのため，国軍は各地で非公式なビジネスを展開し続けており，これが組織にとって決定的な利権の温存となっている．その経済利権は多岐にわたり，不動産，建築，運輸，観光，通信などのビジネスを各地の軍管区で行ってきた[6]．スハルト時代は，そのビジネスが国軍の自己調達資金となっており，憶測だと国防予算の 3 倍の額に上ると言われていた [International Crisis Group 2001]．国家公務員としての軍人の給与は安いが，このビジネスがあるため，中央でも地方でもエリート軍人は資本蓄積に恵まれ，豪邸と数台の高級車を持つケースも少なくなかった．国軍の組織としての死活利益は，この利権システムの維持である．国軍のビジネス活動は，年々規模が縮小しているように統計的には出てくるものの，資産を転売して間接的に運営するなど，手口の巧妙化が進んでいると同時に，

より地下に潜って違法ビジネス，特に資源の密輸への関与も増加している．こういうビジネスが，全国各地の軍管区の裏金蓄財の温床になっている．にもかかわらず，ユドヨノは，国家汚職撲滅員会（KPK）が国軍の財政を調査対象とすることを認めないできた．

　つまり，ユドヨノは「平和の時代」になっても国軍の既得権益には触れないし，改革も迫らない．むしろ優遇するから安心してほしいというメッセージをずっと国軍に送っていたのである．その効果は絶大であり，将校たちはユドヨノに大した不満を持たずにきた．それが「ユドヨノの 10 年」にみる政軍関係の安定の秘訣だったといえる．

　実際，アチェでもパプアでも国軍は「平和」を謳歌してきた．和平後のアチェは GAM が政党を作って地方政治を牛耳っているが，アチェの軍管区は，彼らと津波災害後の復興事業にかかわる様々なビジネス利権を仲良くわけあっている．アチェでもブームのアブラヤシ農園開発では，切り開いた森から木材を密輸する元 GAM の企業家と地元陸軍の協働が見られる．

　パプアでも類似の力学が働く．ユドヨノ時代に，パプアと西パプアの両州に一三の県が新設され，開発事業が各県に細分化された．そして，その利権を巡る分捕り合戦が各地の部族リーダーたちの日常政治になった．彼らは露骨な汚職体質を披露してきたが，ユドヨノ政権は見て見ぬふりを続けてきた．彼らを利権漬けにすれば，パプアの「反ジャカルタ」意識も薄まり，分離独立を主張する「パプア独立組織」(OPM) の求心力もなくなるだろうという発想が根底にある．

　そういう状況下で，地元の軍管区も，部族リーダーたちの空前の利権ブームにあやかって，木材運搬や鉱山ビジネスの現場で資本蓄積に精を出したり，「OPM の襲撃」を演出して警備ビジネスの需要を増やしたり，軍管区の増兵を要求したりしてきた．パプアもアチェも，汚職や利権の分けあいが「平和」や「安定」を維持する要因となっており，「ユドヨノの 10 年」がその力学を定着させたといえよう．

最後に，ユドヨノ政権下の国軍は，「テロとの戦い」に代表される「戦争以外の軍事作戦」（MOOTW）を全面にアピールすることで，政治的プレゼンスを高め，既得権益の温存を可能にした．その展開をみていこう．2002 年にバリ島，翌年にジャカルタ・マリオットホテル，そして 2004 年にオーストラリア大使館を爆弾テロが襲い，インドネシアはアルカイダにつながる国際テロリストの温床として脚光を浴びた．ユドヨノ政権になってからは，2005 年に爆弾テロが再びバリ島で起きたが，それ以降は下火となり，2009 年に再び爆弾テロに狙われたジャカルタのマリオットホテルを最後に，大規模なテロ事件は起きなくなった．ユドヨノは，その成果を，国家警察に新設した対テロ特殊部隊（Densus 88）の活躍の結果だと主張する．この Densus 88 が 2004 年に始動し，米国やオーストラリアの支援を受けて，効果的なテロ対策を行ってきたために，国際テロはほぼ撲滅できたとユドヨノ政権は誇る．

　確かに欧米人をターゲットとした「国際テロ」は 2009 年以降下火になった．そのため，国際社会もユドヨノ時代のテロ対策を高く評価する．その勢いで，ユドヨノは国軍のテロ対策への関与を制度化させた．それまで国軍は，MOOTW がグローバル・スタンダードとして正当な活動であり，テロ対策はその一部であるという論理で，テロ対策への積極的な参加を主張してきた．しかし，スハルト後の民主化にともなう国防改革の過程で，国軍の役割は「対外防衛」とされ，国内治安は国家警察の管轄となったため，テロ対策においては，警察が要請したときのみ国軍は出動できるという状況が続いた．ユドヨノは，そこからもう一歩踏み込み，2010 年に新設した国家テロ対策庁（BNPT）に「予防・脱過激化部」を設置し，そこを国軍が監督する仕組みを整えた．これで国家警察の要請という枠を離れて，テロ対策に国軍が制度的に組み込まれることになり，国軍にとって大きな前進となった．[7]

　これによって，テロの予防やテロリストの脱過激化（de-radicalization）政策に主体的に関与できるようになった国軍は，積極的に「軍管区システム」の効用をアピールした．軍管区のビジネス活動の問題は上述したが，この軍管区シス

テムというのは，スハルト権威主義時代から続く陸軍の全国ネットワークであり，村レベルから州レベルまでピラミッド型に駐屯軍が配置され，スハルト政権下ではこの軍管区が各地の反政府運動を弾圧するツールであった．そのため，民主化の過程で市民社会は軍管区システムの廃止を求めてきたし，軍内の一部改革派勢力も，その方向に進むことが国防改革の本丸だと考えてきた．しかし，国軍にとっては軍管区システムの温存は死活利益である．先に見たように，軍管区システムによって展開される地方の軍組織こそが経済利権の拠点であり，その自己調達資金こそが様々な自主活動を各地で行う原資となる．自己調達資金なので，当然，「予算外予算」であり，中央・地方政府のシビリアン・コントロールが形骸化することを意味している［Mietzner and Misol 2013］．

　この軍管区システムの維持を，民主化時代にどう正当化するか．BNTP を通じてテロ対策に恒常的に関与できるようになった国軍は，テロ予防や脱過激化政策を社会の末端レベルで啓蒙・普及させることが重要であり，各地の軍管区は，その実践に大いに貢献すると主張するようになっている．この主張は，国防改革を求める社会的圧力に対して効果的に抵抗しており，軍管区の廃止などという話しは，今や実現性が皆無になった．つまり，テロ対策への関与を通じて，国軍は軍管区システムの存在意義を再定義・再正当化し，その結果，既得権益の温存に成功していると言えよう．このことは，テロに限らず，他のMOOTW においても類似の効果を睨んで積極的に動いている可能性を示唆している．例えば人道支援・災害救助（HA/DR）である．地震や津波や火山噴火で人命救助に国軍が出動することはMOOTW の一環であると国軍は主張するが，興味深いことに，その成功のカギは如何に敏速に被災地に入れるかであり，そのためにも軍管区システムが不可欠であるという主張を強めている［Haripin 2017］．ここでも軍管区システムという権威主義時代の遺産の温存が再正当化されるのである．

　話しをテロに戻すと，確かにBNPT を設立した 2010 年以降，欧米人をターゲットとした「国際テロ」は下火になった．しかし，実はテロ事件そのものの

件数は増えている．2009 年のマリオット事件の後も，2010 年から 2013 年まで
に 80 件のテロ事件が起きている［本名 2015］．それらは大きな爆弾テロでない
ので，ほとんど国際社会には注目されないできた．しかも多くは警察官を狙っ
たテロであり．拳銃や刃物を使った犯行である．なぜ警官がテロのターゲット
になるのか．それは Densus 88 への恨みが強いからである．過去 4 年間を見
ても，Densus 88 は 300 人以上のテロ容疑者を逮捕しているが，同時に 70 人
以上を射殺している．誤殺も多い．にもかかわらず「対テロ戦」の名の下で Den-
sus 88 のメンバーは処罰されない．この人権侵害が野放しになっていること
に怒りを覚え，警察への報復が大事なジハードだと位置づける傾向が過激勢力
のなかで広がっている．結局，「ユドヨノの 10 年」において国際的に高く評価
される「テロとの戦い」には，国内テロの深刻化という代償が伴っていたので
ある．

　しかし，イスラム過激主義勢力が Densus 88 を始めとする警察や法執行機関
に敵対的になっていくことは，国軍にとっては別の文脈で重要な意味を持って
いた．それは，過激主義勢力に限らずイスラム保守勢力にも広がる警察不信を
うまく活用することで，国軍はイスラム勢力に頼られる存在になれると考える
からである．国軍と警察の関係も，民主化以後あまりよくない．国内治安は警
察の管轄になり，国軍は国防に専念するという治安部門改革が，2004 年まで
の民主化移行期に設定され，それ以後，管轄（縄張り）を失った国軍は，警察
をライバル視してきた．その背景があり，イスラム勢力の警察不信は国軍に
とって都合の悪いものではなく，むしろ大きな社会勢力を国軍と結びつける契
機になっていると考える将校も少なくない．

　いずれにせよ，インドネシアの民主化定着期を舵取りしたユドヨノ政権下に
おいて，国軍にとって重要なことは，政治的プレゼンスの復帰などという抽象
的でシンボリックなものではなく，利権や特権を失わないという実質的なこと
である．国会に議席を持っていようがいまいが，選挙に介入しようがしまい
が，武力で市民を弾圧しようがしまいが，あまり組織として本質的な関心事で

はなかったのである．国軍エリートの本質的な関心は，様々な形態のビジネスを通じての経済利権であり，また国防政策を文民に口出しされないで自律的に決めていくことである．その維持ができれば，基本的に問題はなく，民主化や文民政権の存在は脅威にはならない．このビジョンを妨害されない限り，政治には関与せず，政党政治家のやることに注文をつけることもしない．これが国軍の実態的な行動規範である．2004年に国民の直接選挙で大統領に選ばれたユドヨノは，国軍出身者であり，組織のビジネス利権のことをよくわかっている人物である．彼の政権下では，その国軍の利権を解体して組織の暗部にメスを入れるような改革の試みは皆無であった．そうであるから，ユドヨノ政権の10年は国軍に支持され，政軍関係は安定していた．

　以上，インドネシア国軍が，民主化後にどのように政治力を行使してきたのかを議論してきた．国防改革による国軍の政治部門における制度的な非介入は，必ずしも軍人や組織の政治力の喪失や，インフォーマルな政治的影響力の非行使を意味しない．むしろ，そこはかなり活発にやってきた点を見過ごすべきではない．何のための政治力の行使か．それは軍人個人の政治野心や経済欲もあろうし，組織の既得権益の保守という理由もあろう．とくに後者でいえば，軍管区システムの温存は国軍の制度的利益としては最重要である．全国各地の村レベルから市・県・州レベルまでピラミッド型に張り巡らされている地方軍管区は，各地で陸軍が様々な政治的・経済的な特権を謳歌できる場である．とりわけビジネス利権は巨大である．中央議会で国軍ビジネスの廃止が法的に決まれば，全国各地でそれが厳守されると考えるのはあまりにもナイーブであり，確かに正規の国軍所有企業の活動はなくなりつつあるものの，それ以外，例えば間接所有企業の活動や，非正規のビジネス活動，さらには非合法のビジネス収益は依然として存在し，むしろ場所によっては活発になっている．この既得権益の保全は死活利益であり，そのために軍管区システムの存続を正当化し続ける必要があるのである．そのための政治力の行使こそが，国軍幹部に共通した行動様式だと思われる．

スハルト退陣からハビビ（Bacharuddin Jusuf Habibie）政権（1998-1989年），ワヒド（Abdurrahman Wahid）政権（1999-2001年），そしてメガワティ（Megawati Sukarnoputri）政権の終わり（2001-2004年）までの時期は「民主化移行期」（democratic transition）と位置づけられるが，この間，国軍は「治安の悪化」や「国家の不安定」を強調することで，軍管区の再正当化に励んだ．この時期は民主化の深化を求める市民社会組織を中心に，軍管区の廃止を叫ばれてきた．軍管区こそがスハルト時代の国民弾圧のツールだったからである．しかし，国軍は，アンボン，マルク，ポソ，カリマンタン，アチェといった地方で「宗教・民族紛争」が勃発・激化するなかで，警察だけでは事態収拾は無理だという主張を掲げ，政権もそれを了承する形で国軍の紛争鎮圧活動を認めた．当然，各地の軍管区がその鎮圧活動をするわけで，そのことが軍管区廃止の圧力を去勢するのに大いに役立った．

その後，インドネシアは「民主化定着期」（democratic consolidation）に入り，2004年から2014年はユドヨノ長期政権となった．地方紛争もほとんどなくなり，国家安定も高まり，経済成長も実現した．では，この時代に国軍はどのように軍管区システムを再正当化し，政治力を行使してきたか．上述のように，とくに顕著だったのが「戦争以外の軍事作戦」（MOOTW）の主流化であり，テロ対策への関与を実現させるための政治的駆け引きである．テロなどの非伝統的安全保障の脅威に国軍が対応するのは「グローバル・スタンダード」であるとし，その主張を政治的に認めさせた．その上で，国家テロ対策庁に国軍の役割を制度化させ，その政策実施の拠点として各地の軍管区を位置づけることに成功したのである．インドネシアの国軍は，このような政治力を駆使して，軍管区システムを維持し続けている．これは国防改革の骨抜きでしかない．しかし，この「妥協」がなければ，国軍はもっと露骨に改革を拒否したであろうし，敵対的な政治リーダーに対するサボタージュや妨害も行われたと思われる．そういう状況下で，ユドヨノ大統領は，政軍関係の安定を重視し，民主化の定着という国際評価を受けた．その評価は，改革の形骸化，とりわけ軍管区

システムという古い体質の温存，というコストの上に成り立っていることが理解できよう．

おわりに

　本章では，ボスニアとインドネシアという一見共通性のない二つの国における国防改革の力学を見てきた．ボスニアのようなポスト紛争国でも，インドネシアのようなポスト権威主義国でも，国防部門の改革という共通の課題を抱えていた．そして両国とも，国防部門の安定化に成功したという評価を国際社会から受けている．ボスニアにおいては，国防改革の要は新たな国軍の創設であり，インドネシアにおいては国軍の政治からの撤退が課題であった．では，この両国の「成功」にはどのような秘訣があったのか．別の言い方をすれば，どのようなコストの上で成功は成りなっているのか．その問いに答えるため，本章は両国の政治と国軍の関係を考察してきた．

　明らかになったのは，興味深い共通性である．ボスニアもインドネシアも，国防改革の安定化のプロセスで，「古い既得権益の温存」が図られ，その妥協が政治エリートや国軍将校のコンセンサスとなり，新たな権力均衡をもたらし，政軍関係の「安定」が持続するというロジックを共有している．ボスニアの紛争後支援や，インドネシアの民主化支援をしてきた国際社会は，この安定を成功と評価するディスコースを，表向きには発信してきた．ここにも当然ある種の政治性が働いている．自らが様々な形でコミットした国防改革が失敗したなどと評価する国際組織やドナーは皆無であろう．

　成功の代償の部分には蓋をする．これが国内の政治アクターだけでなく，国際アクターも共有する行動様式であるとすれば，おそらくボスニアとインドネシアに限らず，「国防改革の成功」と評価される多くの国で，同じような力学が働いている可能性も見えてこよう．そういう国々において，敵対していた武力勢力が統合されたり，国軍が政治から撤退したりする過程で，どのような妥

協が行われ，何が温存されてきたのか．ボスニアとインドネシアの考察から浮き彫りになった共通点は，より広域で多数の国を巻き込んだ国際比較研究の可能性をも示唆している．

注

1）ボスニア国軍の国際活動については，BiH Ministry of Defense［2011］を参照．
2）民族間不信の蓄積については，例えば International Crisis Group［2014］を参照．
3）クロアチア共和国の国民の多くはカトリックであり，セルビア共和国の国民の多くは正教会の信者である．
4）当時の国内紛争については，例えば Bertrand［2003］を参照．
5）ユドヨノ元大統領へのインタビュー，2015年8月29日．
6）国軍のビジネス活動については，例えば，Human Rights Watch［2006］を参照．
7）国軍のテロ対策の政治については，Honna［2013］を参照．

◆参考文献◆

＜日本語文献＞

本名純［2015］「ユドヨノの10年にみる国内安全保障と治安機関の政治」『アジ研ワールド・トレンド』11月号．

＜外国語文献＞

Bassuener, K.［2015］"The Armed Forces of Bosnia and Herzegovina: Unfulfilled Promise," AI-DPC BiH Security Risk Analysis Policy Note, No.4, Berlin, October.

Bertrand, J.［2003］*Nationalism and Ethnic Conflict in Indonesia*, Cambridge: Cambridge University Press.

BiH Ministry of Defense［2011］"Brochure of the Ministry of Defense and the Armed Forces of Bosnia and Herzegovina," Sarajevo, April.

Defence Reform Commission［2003］"The Path to Partnership for Peace," Report of the Defence Reform Commission, Sarajevo, 25 September.

Defence Reform Commission［2005］"AFBiH: A Single Military Force for the 21 st Century," Defence Reform Commission 2005 Report, Sarajevo, September.

Donais, T.［2013］"Power Politics and the Rule of Law in Post-Dayton Bosnia," *Studies in Social Justice*, 7(2).

Gadzo, M. and Karcic, H.［2019］"Bosnia as the New 'Battleground' between NATO and

Russia," *Al Jazeera News*, 7 July.

International Crisis Group [2001] "Indonesia : Next Steps in Military Reform," ICG Asia Report, No. 24, 11 October.

International Crisis Group [2013] "Bosnia's Dangerous Tango : Islam and Nationalism," Europe Brief, No. 70, Brussels, 26 February.

International Crisis Group [2014] "Bosnia's Future," Europe Report, 232, 10 July.

Hadzovic, D., Krzalic, A. and Kaovacevic, A. [2013] "Overview of Policing in Bosnia and Herzegovina," Sarajevo : Center for Security Studies.

Haripin, M. [2017] "Military Operations Other than Warfare and Problems of Military Professionalism in Democratizing Indonesia," PhD thesis, Ritsumeikan University.

Honna, J. [2008] "The Peace Dividend," *Inside Indonesia*, Issue 92, April-June.

————[2013] "Security Challenges and Military Reform in Post-Authoritarian Indonesia : The Impact of Separatism, Terrorism and Communal Violence," in Ruland, J. et. al. eds., *The Politics of Military Reform : Experiences from Indonesia and Nigeria*, London : Springer.

Human Rights Watch [2006] "To High a Price : The Human Rights Cost of the Indonesian Military's Economic Activities" 18(5), June.

Juncos, A. E. [2018] "EU Security Sector Reform in Bosnia and Herzeqovina : Reform or Resist" *Contemporary Security Policy*, 39(1).

Kržalić, Armin [2017] "The Citizen's Opinion of the Police : Results of the Public Opinion Survey Conducted in Bosnia and Herzegovina," Sarajevo : Center for Security Studies.

Maxwell, R. and Olsen, J. A. [2013] "Destination NATO : Defence Reform in Bosnia and Herzegovina, 2003-13," Whitehall Paper 80, Sarajevo : Royal United Services Institute for Defence and Security Studies.

Mietzner, M. and Misol, L. [2013] "Military Businesses in Post-Suharto Indonesia : Decline, Reform and Persistence," in Ruland, J. et.al. eds., *The Politics of Military Reform : Experiences from Indonesia and Nigeria*, London : Springer.

Muehlmann, T. [2008] "Police Restructuring in Bosnia-Herzegovina : Problems of Internationally-led Security Sector Reform," *Journal of Intervention and Statebuilding*, 2(1).

Sito-Sucic, D. [2019] "Bosnia faces outflow of military personnel over low wages : parliamentary commissioner," *Reuters*, 30 October.

Weber, B. [2015] "The Police Forces in BiH : Persistent Fragmentation and Increasing Politicization," AI-DPC BiH Security Risk Analysis Policy Note, 6, Berlin : Democratization Policy Council, November.

第III部

紛争後社会としてのボスニア

第 *6* 章

和解という道筋の可能性を考える

窪田 幸子

はじめに

　本章では，紛争後のボスニア社会において，暴力的な対立を経験した集団間の和解は可能か，という問題を考える．筆者は文化人類学を専門とし，オーストラリア先住民の研究を行っており，これはまったく異なる分野のテーマに取り組む無謀な試みと見えるであろう．しかし，実はオーストラリアにおいて，和解は 20 世紀末から重要な社会的課題でありつづけているのである．18 世紀末にはじまったオーストラリア植民地では，先住民であるアボリジニに対する徹底的な抑圧と剥奪，暴力があった．そして，アボリジニへの構造的な差別は現在も続いている．オーストラリアでは，1990 年代初めから「アボリジニとの和解（Aboriginal reconciliation）」を達成することが目指されてきた．アボリジニが抱える困難が植民地政策と歴史の結果であることを社会全体で理解しようとする取り組みが始められ，全国民的な理解を醸成し，アボリジニの社会的不利益を正し，ともに新しいオーストラリアを築こうとする試みである．そして，その焦点となったのは，植民地時代に組織的に行われた子どもたちへの暴力という問題であった．

　オーストラリアでは，1991 年に和解委員会が結成され，その後 10 年間にわたって活動が展開された．本章で詳述するように，その 10 年間の活動によっ

てアボリジニについての社会一般の理解は大きく変わり，和解に向けての大きな流れが醸成されたといえる．植民地下で行われた暴力の状況を広く伝えるために，被害者への聞き取りが行なわれ，社会にむけていくつものイベントが展開された．それによって，人びとが問題の所在と，なぜ和解が必要なのかを理解し，和解を推進しようとする状況が生まれてきた．本章ではまず，その歴史的な展開と，そのような流れを生んだ要因を整理検討し，その上でオーストラリアでの和解の現状をみていくことにする．

　この作業は本書が中心課題としている，ボスニアでの紛争後の平和構築の研究にとって，重要な考究の手がかりを提供できるものと考えている．ボスニアでは，1990年代というごく近年に，国家内の三つの民族集団間での激しい紛争があり，多数の非戦闘員が殺害され，現在も多くの人が行方不明になっている．ユーゴスラヴィア社会主義連邦共和国（以下，旧ユーゴ）の時代には，人びとは民族，宗教の違いに関係なく隣人として平和に暮らしていたといわれる．そのような地域で，民族集団間の紛争がおこり，多くの市民に犠牲者が出た．しかもその恐怖と怒り，悲しみの経験はつい最近の，生々しい記憶である．筆者らは，2018年にボスニアを訪問し，現地の事情について各機関での聴き取りを行い，紛争被害者へのインタビューも行った．そこからは現在も続く困難な状況が見えてきた．このような状況の中で，「和解」という解決の方法は可能なのだろうか？困難であるとすれば，何が問題で，可能であるとすれば，それはどのように達成することができるのだろうか？本章では，これらの問いに答えるために，オーストラリアとの比較を行う．暴力のおきた歴史的な時間の差が和解にどのように影響をするのかについても，検討を試みることにしたい．

1　人権，トラウマ，そして和解

1945年に採択された国連憲章は，「人種，性，言語又は宗教による差別なく，

すべての者のために人権及び基本的自由を尊重するように助長奨励することについて，国際協力を達成する」ことを目的に掲げている．この国連憲章と1948年に国際連合総会において採択された「世界人権宣言」が，第二次世界大戦後の世界において，普遍的かつ国際的に保護されるべき人権の法典の基礎となった．人類は人権の国際的保障という究極の目標に向けて本格的な歩みを開始した．大戦期の大量虐殺への反省を基礎として出されたこの宣言から，国際社会ではグローバルスタンダードとしての人権基準が幾重にも創りだされてきたといわれる［イシェイ 2008］．

ハントは，18世紀後半に1776年アメリカ独立宣言，1789年フランス人権宣言という，二つの人権宣言がでた社会的背景を，文献と資料から丁寧に追い，なぜほぼ同じ時期に実現したのかについて［ハント 2011］，この時期に人間的な「共感」の重大性がはっきりと意識されるようになったことを，小説の誕生，拷問の廃止など社会史の視点から論じている．「人間は生まれながらにして等しく権利を有する」という思想は，個人が共感によってつながるという，これまでになかった社会の新しい在り方によって可能になったとハントは述べている［ハント 同掲書］．人権は，このような理解を基礎として拡大してきたのであり，これが上述した「国連憲章」と「世界人権宣言」につながったというのである．この起草には，人権の内容を発展させてきた歴史的過程が反映されており，この宣言の四つの柱である尊厳，自由，平等，友愛は，人権についての異なる概念の中心的な内容が現れてきた順番を反映しているとイシェイは論じている［イシェイ 2008］．[1]

そして，20世紀末になると，人間観のグローバルスタンダートは，さらに大きな広がりを見せる．「個人の人権を尊重し，国籍，宗教の違いを超えて，その侵害に立ち向かうべき」という人間観は，国際法などを支えとし，多地域で生起する現実を人権侵害として問題化してきた．内戦内乱による大量殺戮やレイプ，独裁政権による拷問や殺人などに関しても，このような人間観を前面に押し出し，真実究明と被害者救済の試みが行なわれるようになってきている

のである.

「和解」という用語が社会的, 政治的言説において頻繁に使われるように
なったのは, 2000年前後といわれる [高橋・鵜飼 2000]. 徐は, 和解とは自らの
不足, 誤り, 罪の意識を前提として自責と自らの限界に対する自覚から, 相手
に対し「赦し」を求め, 同時に相手の誤りをゆるす, という構造であるとのべ
る [徐 2000]. これは, 非常に困難な紛争解決を模索する方法として注目され
るようになってきていることは確かである. それはキリスト教的「赦し」を前
提としたものであることも特筆される. 和解への注目が広がっているのには,
第一次世界大戦からおきた戦いと紛争の質の変化とそれに伴う解決の在り方の
変化があることが指摘されている [河原 2014]. 17世紀ごろの, 国家間の争い
のあとに結ばれる平和への道筋としての講和条約には, 恩赦条項や忘却条項が
おかれ, その二つは一体のものとして, 国家間の紛争再発予防手段となってい
た. そのころの戦いは, 王と王によるもので実際に戦ったのは傭兵が多く, 一
般市民が直接死傷することは少なかった. つまり, 国家間で紛争解決を行い平
和が得られれば, 国民を視野に入れて和解をする必要はなかったのである.

第一次世界大戦でこれが大きく変化する. 航空機などの強力な武器が使わ
れ, 莫大な経済損失と, 2万人以上の市民を含む死傷者が出たのである. この
戦争の講和のためのヴェルサイユ条約では, 恩赦や忘却という概念が一掃さ
れ, 戦争責任を明確にし, 責任者を処罰することで正義を追求するという考え
方があらわれた. しかし正義が明確にされ, 処罰がされても, 当事者間の心理
的, 社会的な解決は別問題である. 合意は, 妥協によってつくりだされるしか
なく, 全員が満足するものにはならないし, その時々の社会状況を背景として
成立する. そのため, 戦いで憎しみあい, 殺し合った集団同士が国家のなかで
平和的に共存し, 一体感をもつには, 和解が必須となる. そして, 一度成立し
た合意も, その重要性を確認し続ける継続的努力を必要とするのが, 和解とい
うプロセスなのだと河原は述べる [河原 2014].

戦争や紛争による大量殺戮, 権力による組織的な人権侵害は繰り返され, 被

害者と加害者のあいだ，共同体相互，そして共同体内部に癒しがたい傷を残す．その傷の修復は容易なことではなく，本当の意味での紛争解決，平和構築は達成しがたいほどの課題となる．戦争，大量虐殺，人権侵害は，個々人に深い精神的な傷，トラウマを残す．トラウマとは，近年多用されるようになった分野横断的で，多義的な概念であるが，強烈で恐ろしいまたは痛ましい経験をした人の日常の行動のなかに隠された記憶であり，本人はコントロールできないもの，と定義される［吉田 2019］．そのような深い心の傷が，注目されるようになったのも，平和は，国と国との間で構築されるものでは不充分で，個々人の痛みをのりこえることが，日常生活のなかで平和を取り戻すためには必要であるという理解が進んできた結果であるといえる．そして，それゆえ和解への試みが求められているのである．

　特に 1980 年以降，過去の問題について，負の遺産にどのように向き合うかを考えることが必要であるとの意識が共有されるようになった．1980 年代以降の「遺憾の政治」とよばれることになった，各国のリーダーたちの過去の不適切な国家的行為への謝罪の連続が，和解への注目を加速させた．それは上でのべてきたように，人権意識の高まり，個人賠償の可能性の拡大，人権抑圧の解決の必要などを背景としている．

　裁判で扱うのは，個人的な有責性である．何をしたのか，それは罪なのか，その人は罪に責任があるのかないのかであって，問題の全体像を問うのではない．つまり，裁判では，罪があるとされた者を生み出したシステム自体を問うことはできないとヘイナーは指摘する．そして被害者の侵害された人権を回復する方法には，二つあると述べている［ヘイナー 2006］．一つは，法廷での加害者の行動の検証であり，それにもとづく処罰である．そして，もう一つは，公の場で，実際に起きた真実を明らかにし，それを両者がうけいれるというものであり，それによって加害者と被害者が和解するという方法である．そこにこそ，和解の可能性があるとヘイナーはいう．こうして，世界各地で和解のための委員会が作られるようになった．

小菅によれば，和解とは「争いや対立をやめるために当事者間で行われる歩み寄りや譲歩，あるいはこれらをもたらす行為」であるという［小菅 2005］．ポスト紛争社会での和解を推進する方法については，エステル・ボッカー（Estelle Bockers）らによる分類を吉田が紹介している［吉田 2018］．それによると，報復的正義（retributive justice），修復的正義（restorative justice），賠償（reparations），記憶行為と場（sites and practices of remembrance），教育的方法（educational measures），治療的方法（therapeutic measures）という方法があるという．吉田は，カンボジアでの紛争後の取り組みを，特に治療的方法に注目して論じている．マクロなレベルでの和解は，報復的正義と修復的正義，賠償などを通じて達成され，個人レベルでは，治療的方法が重要と述べるが，それは個人がカウンセリングや自助グループを通じて，和解を実現しようとすることを意味する．トラウマの語りは，その語りを受け入れられ，受け止める人がいることがなによりも大切であり，それによって個人の人権の回復につながる．

　このことを承認という概念を用いて，その重要性を論じているのがカハノフである［カハノフ 2019］．ある集団のメンバーの多くにトラウマを引き起こすような惨事はその影響が何年も継続し，その出来事の語りは心に刻み込まれる．これをカハノフは集団的トラウマと呼ぶ．そして，トラウマを証言し，それを相手に承認されることが和解プロセスにおけるあらゆる方法の中で特に重要な要素であると述べる．証言には聞き手となり，認め，支えようとするコミュニティが必要であり，それなくして証言は存在しえないとも指摘している．ここには証言が治療プロセスであるとの意味もこめられている．被害を受けた人は，個人のトラウマをのりこえ，相手を赦し，和解にいたるという道筋を模索する．トラウマを抱えた人びとが，語るという行為によってその痛みを乗り越えることを可能にする道をさぐるのであり，ここにもトラウマ治療との連続性がみてとれる．和解委員会で行われる語りは，トラウマの語りであり，被害者がトラウマをのりこえ，和解に至る可能性を拓くものといえる．

2　真実和解委員会

　1974 年以降，世界各地で真実和解委員会，和解委員会が設置されてきた．これまでに，26 の委員会が立ち上げられた．いずれもその地域で起きた政権転換や民族間での紛争でおきた様々な不正義をめぐり，その解決を模索するものである．これら以外に，ヘイナーが，「歴史をめぐる和解委員会」として別カテゴリーにしている委員会が，四つある．アメリカで二つ (1981-1982, 1994-1995)，カナダ (1991-1996)，オーストラリア (1996-1997) である．これらは，直近でなく，かなり以前に生じた，特定の民族，人種，グループに対して向けられた人権侵害の事例を巡っての和解を模索する委員会である [ヘイナー 2006]．しかし，他の和解委員会との共通項として，政治的な動機に基づく抑圧行為があったこと，暴力の対象の範囲が広いこと，多くが政権交代や体制の転換期に起きたことなど，むしろ他の真実和解委員会との連続性が明確だと考える．ここで筆者が取り上げる和解への試みの事例の一つは，オーストラリアでの，ヘイナーが歴史をめぐる和解委員会とよぶものである．

　和解委員会では，どのように過去の悲劇を認知するのか，ということがまず問題になる．何が真実なのか，「真実」は和解へとみちびくのか？ということである．真実和解委員会はいわゆる政治的な移行期に設立される場合が多い．そこでは，移行期正義として，説明責任が果たされ，負の遺産について明らかにされることが期待される．例えば，南アフリカの真実和解委員会では加害者への特赦が初めて取り入れられたのだが，これが多くの加害者が加害行為を告白する誘因となり，多くの負の遺産が公開されることになった．これは真実和解委員会という柔軟な制度であったから可能なことであったといえる．この制度は強力な法的権限を持たず，限定的な権限が与えられているだけである．それゆえにこそ，活動に幅があり，柔軟であった．警察や治安機関などの国家暴力によって著しい人権侵害を受けた被害者たちが，法廷ではなく，和解委員会

で多くの人の前で，被害の事実の詳細を明らかにする．それを加害者が認め，事実を開示し，謝罪する．そのような経緯を経て，加害者を許し国民和解を目指すのが真実和解委員会である．そこで行われるのは，復讐や処罰ではなく，赦しと和解であり，これを基礎に新しい国民創造を目指そうとする．

　真実和解委員会方式は，それぞれの地域の小さな共同体の正義の規範と紛争解決の技法を取り入れながら，近代法とは別回路の紛争処理の試みとして機能しているという指摘がある [ヘイナー 2006]．南アフリカでは，1960 年 3 月 1 日から 1993 年 12 月 5 日までの期間に起きた，殺人，誘拐，拷問などの「重大な人権侵害」の「法の外の救済」をはかるために，被害者，加害者からの語りを聞く公聴会を開催してきた．その結果，2 万 1298 件の事例を検討し，400 名を重大な人権侵害を犯した責任者として特定した．

　公聴会での語りの聞き取りの重要性は，法廷での語りとは異なっていることにある，とヘイナーは述べる [ヘイナー 2006]．地元での公聴会では，首尾一貫しない口述の歴史が数多くあらわれたが，それらをそのまま聞き取っていった．この行為について，南アフリカの大統領は，「新たな価値の人権文化の創造を目指す」ものであると述べた．南アフリカ各地のコミュニティがはぐくんできた文字記録の枠外の口述の力を公式に認めたものであり，慣習的正義というべきものを具現化したことになる．こうした試みが，法廷を通して正義を実現するプロセスと決定的に異なっているのは，被害者，加害者の生の語りに徹底的に寄り添うことである．そして，その矛盾や誤謬を追求するのではなく，それらを全面的に肯定する姿勢があることである．

　被害者が被害の物語を語る過程こそが，和解委員会の機能として決定的に重要なのだとヘイナーは述べる．法廷では，事実を証明する物的証拠が重要視され，首尾一貫した論理的言説が至上のものとされる．被害者の主観的な思いや感情の発露は，重視されず，むしろ審理の過程からは排斥されるべきものである．つまり，裁判では市民は個人の主観的経験にもとづいて過去の真実を再構成することは認められておらず，常に沈黙を強いられてきた．しかし，和解委

員会では，これまで聞かれることのなかった声なき人びとが，主観的な経験についての語りによって，真実を創造することが可能になったといえる．そこにこそ和解達成の可能性があると指摘されるのである［ヘイナー 2006］．

このように，真実和解委員会では「語り」を，潜在的にであれ，効果的な癒しとなる実践として考えていることがわかる．そのため，公聴会では，幅広く語りを記録することが要求されるのである．法廷であれば，「本件と無関係」として却下されるような，微細な個人的語りが受け入れられ，記録される．個人的な記憶や物語，神話や日常経験といった真実和解委員会における語りの集積は，人間性と記憶の回復への道筋である．これまで公式の記録では一貫して無視されてきた語りが，意味世界の中心にすえられることになったといえるだろう．

南アフリカのこうした課題に経験と実績を持つ，判事のザッコ・ヤコブ (Zak Yacoob) は，「語りが創造する真実は二つに分けられる」と述べている．一つは，顕微鏡型の真実である．それは，法廷空間で支配的に聞かれるような，客観的で検証可能な「事実」，文書化され証明されるような「事実」が導き出す真実である．それに対してもう一つは，対話型の真実であるという．それは，社会的に生成され，相互作用や対話，討論を通じて形成される，経験が導き出す真実である．この二つ目の真実が創造されるプロセスと，それを公衆が認知する経過こそが最も重要であるとみなすのが真実和解委員会である．このプロセスこそが，共同体の実質的な癒しと和解をもたらすものとして期待されているのである．

3　オーストラリアの場合

筆者は，1980年代後半から，オーストラリアの先住民アボリジニの研究を継続して行ってきている．ここでも1990年前後から「和解」をキーワードとして，彼らに対して過去に行われてきた暴力，不正義をめぐり，アボリジニと

の和解が追及されてきている．オーストラリアで模索される和解は，政府主導で始まったものであり，政府のサポートのもとに NPO が推進する公的な取り組みとして行われている．アボリジニの人びとへの過去の不正義を正し，彼らを社会の平等な一員として，ともに歩む新しいオーストラリアを実現しようとする．まず，このような組織が成立し，大きな影響力をもつようになった背景を述べたい．

1788 年にイギリスからの入植がはじまって以来，入植者たちによるアボリジニへの暴力，収奪，強制的同化，差別や社会的排除が続いた．急激に人口を減らしたアボリジニは土地を奪われ，狩猟採集の生活基盤を失い，言語や儀礼，慣習などの文化も失い，文化的にも経済的にも貧窮化して，入植地の周辺に依存して暮らすようになり，周縁化された．そしてその結果として，現在のオーストラリア社会においても，彼らは社会経済的に不利益な状況におかれつづけている．アボリジニへの不平等な扱いと劣悪な生活状況が問題化されるようになったのは，第二次世界大戦後だが，差別禁止法が採択され，1967 年の国民投票を経て，市民的権利と平等が保障されるようになっても，アボリジニをめぐる状況は容易には改善されなかった．

国民投票の結果，他国民と同じ権利を得たアボリジニは，土地権，先住権，社会的平等などを訴えて活動をつづけた．1980 年代のオーストラリアでは，歴史的不正義を正すことについての意識の高まりが顕著であった．1960 年代から続くアボリジニの権利回復運動をうけて，彼らがおかれている社会的状況のひどさ，平均余命の短さ，低い就学率，高い失業率……などの劣悪な社会的指標，連続する差別，アルコール依存，家庭内暴力などが社会問題として注目を集めた．特に 1980 年代後半には，二つの問題が国内で大きな注目を集めた．まず一つは，異常に高いアボリジニの検挙・拘留率と，それと同時に繰り返し起こる監獄での不自然な死亡，いわゆる「監獄死」問題である．王立調査委員会（the Royal Commission into Aboriginal Deaths in Custody）が招集され，その調査にもとづき 1991 年に報告書が提出された[2]．委員会では，1980 年代の刑務

所での死亡について99事例の調査を行なったが，警察による直接の暴力はなかったと結論づけた．しかし同時に，背景にはアボリジニに対する社会全体の理解不足と偏見があることを指摘し，社会を上げて改善に取り組む必要があることを進言した．

　この報告書の進言にもとづき，1991年にアボリジニ和解委員会法案（The Council for Aboriginal Reconciliation ACT 1991）が採択され，アボリジニ和解委員会（The Council for Aboriginal Reconciliation）が10年間の期限を設けて設立された．2000年に解散するまでの間，この委員会は，会議と多彩な教育広報イベントを展開し，アボリジニの置かれている現状を広く主流社会の人びとが共有することを目ざしたプロジェクトを次々と具体化していった．アボリジニへの過去の不正義がどのようなものであったのか，そのことが現在の彼らにどのような苦しみをあたえているのかなど，これまで顧みられることのなかった，入植以降のアボリジニの被害の歴史の見直しと共有が試みられた．

　そして，この時期にもう一つ注目されたのが，「盗まれた世代」問題であった．1980年代から歴史学者たちが取り上げて議論が開始されていたもので，1990年に和解委員会がスタートしたちょうどその頃に，大きな社会的注目を集めるようになった．1869年，植民地下で，困難な生活状況に追いやられていたアボリジニのために，アボリジニ保護委員会が設立された．翌年から福祉のためとして，混血のアボリジニの子どもを中心に，両親から強制的に引き離し，キリスト教ミッションの寄宿舎や白人家庭で，同化教育を行う政策がはじめられた．1970年ごろまで続けられたこの政策の結果，アボリジニの子どもたちが，強制的に家族からひきはなされ，キリスト教ミッションの寄宿舎や，白人家族のもとで養育された．少なくとも10万人の子どもが，父母から引き離されて幼少時代を過ごすことになり，この制度の犠牲になったといわれている．彼らは「盗まれた世代」と呼ばれ，子どもたちの多くは，身体的精神的そして性的暴力を受け，家族，母文化とのつながりを断ち切られ，精神的トラウマを負ったといわれている．

1992 年に当時の連邦首相, ポール・キーティング (Paul Keating) が「レッドファーン・スピーチ[3]」を行い, 盗まれた世代の問題についての政府の責任と過ちを明確に認め, 調査委員会設立の必要を訴えた. 1995 年にはアボリジニとトレス海峡諸島民の子どもの引き離しについての国立調査委員会 (National Inquiry into the Separation of Aboriginal and Torres Strait Islander Children from their families) が招集され, 詳細な調査が行なわれた. 各地で調査会, 公聴会がもたれ, 777件の意見陳述が行われた. これにもとづいて, 1997 年に報告書が提出され, 先住民が経験した数々の暴力的な出来事の内容や, 被害者の数など全容があきらかにされ, オーストラリア国民にショックを与えた. 多くの被害者が過去にうけた自分の肉体的精神的暴力の経験を公に語ったのである. それによって盗まれた世代の被害者たちは, 現在に続くトラウマを抱えていることが明らかになった. それは世代を超えてうけつがれる, 世代横断的なトラウマであることも指摘された. 報告書では, 子供の強制的引き離しが人権侵害でありジェノサイドであると政府は認め, 責任の所在をあきらかにして, 公式謝罪をし, 補償をすることが必要であると進言された[4].

これに対して, 各州知事やアボリジニ関連の役職者, キリスト教会は相次いで公式の謝罪を表明した. しかし, 当時の連邦首相であったジョン・ハワード (John Howard) は, アボリジニとの和解に向けた行動をとるとしながらも, 公式謝罪は否定した. このため, 長期にわたり「謝るべきか, 謝るべきでないか」との国民的な議論が続くことになった. この問題はオーストラリア全体の大きな国家的な関心事となったのである. アボリジニ和解委員会の活動の目的は, アボリジニの置かれている現在の困難な状況を, オーストラリア国民が理解することである. そして同時に, その困難はオーストラリアの植民地時代以降の入植者による組織的迫害の結果おきた構造的なものである, との理解を, 国民全体で共有することであった. そのような共有された理解にたって, アボリジニを同じ国民として受け入れ, ともに新しいオーストラリアを創ることを目指していた. ハワード首相が謝罪拒否をしたことで, 「盗まれた世代」問題

は，和解委員会の活動の中心となり，この問題についての理解を広げることが重要な活動となっていった．

2000年までの10年間の和解委員会の活動は，少なくともアボリジニとそのほかのオーストラリア国民の間の和解の基礎を築いたといえるだろう．ほとんどのオーストラリア国民はそれまで，アボリジニの苦しい状況や経験の歴史を知ることもなかった．それが10年間のこの委員会の活動によって，多様なメディアを通じて，繰り返しアボリジニの経験についての語りに出会うことになり，これまで語られなかったオーストラリアの歴史の別の側面が共有されることになったのである．そして，被害者であるアボリジニにとっては，そのトラウマを広く語る機会となった．苦しい過去を語り，受け入れてもらうことは，トラウマをのりこえ，和解に至る可能性につながる．

国家公式謝罪（National Apology）は，2007年に総選挙によって政権交代がおこり，新たに政権についたケビン・ラッド（Kevin Rudd）新首相が行った．国会議事堂で最初の国会にさきだって行われた謝罪は，大きな国家的イベントとなり，多くの人が涙とともに大歓迎した．和解委員会がその活動を終えた2000年には，まだ公式謝罪は達成されていなかったわけで，そのため，2001年に，「和解のオーストラリア（Reconciliation Australia）」というNPOが立ち上げられ，活動を継続することになった．このNPOは現在も活動を続けており，アボリジニの社会的包摂を加速させることを活動の中心をおいて，様々なプロジェクトを行なっている．現在は，行政機関，公的機関，企業などすべての組織体に対して，組織でのアボリジニの関与や活躍の場を拡大するための，5年間の行動計画を提出することを推奨している．それぞれの組織がどのようにアボリジニの関与と参加を増加させるかという具体的な計画をしめすもので，多くの組織がこれに対応し，計画はホームページで公開されている．

このように，オーストラリアでは，1990年代初頭から，先住民との関係性において，「和解」が，継続的に重要なキーワードになってきた．「盗まれた世代」に代表されるような，植民地時代の数々の不当なアボリジニの扱いへの謝

罪と補償，遺骨や遺物など持ち去られたものについての謝罪と返還，そして，多くの偏見を取り除き，彼らを社会の対等なメンバーとして受け入れ，アボリジニの知見をオーストラリア全体の視点から活かすことを目指し，活動が継続されている．

すでに述べたように，和解で重要なのは，裁くのでなく，受け入れることである．オーストラリアの場合，和解の一方の主体はアボリジニであるわけで，かれらが許すことができる中心にいる．その時，アボリジニが「許す」のは，特定の個人ではなく，社会的な対応や環境，国家，社会である．政府が，そして植民者の末裔であるオーストラリア社会が，謝罪をする主体であり，アボリジニの語りを受けいれる主体である．公聴会で，アボリジニのトラウマが語られ共有されても，個人が裁かれることはない．和解プロセスは，政府による謝罪と補償によってはじめられるしかない．アボリジニの声が聞かれること，人びとに共有されることに意義がある．オーストラリアの建国以来，アボリジニの経験が歴史として語られたり，共有されることは長くなかった．それゆえにこそ，個々のアボリジニのトラウマを語る場をつくり，それによって，被害者であるアボリジニが，社会に受け入れられたと実感し，トラウマを乗り超えることができることがめざされる．アボリジニの声を聴くことは，現在のオーストラリアで，最重要視されていることの一つである．

公式謝罪は行われたが，歴史の中で構築されてきたオーストラリアの構造的なアボリジニの周縁化は簡単には変わらない．そこからアボリジニを社会的に包摂することへと向かう継続的な試みが必要とされ，和解の試みが続けられている．そこでは，アボリジニの声に耳を傾けることが常に重要視されているのである．

4　ボスニアの場合

第1章で，月村が詳述しているように，ボスニアでの民族間関係は歴史的に

複雑であった．1943年に旧ユーゴが成立し，ティトー（Josip Broz Tito）が初代首相となり，多民族主義をつらぬき，一つの国にまとめ上げた．しかし，1980年に彼が死ぬと，統一国家体制は崩壊に向かい，民族主義，分離主義が息を吹き返し，1990年代には，民族宗教が対立し，紛争が勃発，混乱がつづいた．

　特に，ボスニアでは，国内にいる三民族の人口が拮抗していた．ボシュニャク系（イスラム系）44%，セルビア系33%，クロアチア系17%という人口構成であった．1992年4月に勃発した武力紛争は，この三民族が三つ巴の状況で行われた．紛争による死者は約10万人，難民・避難民約200万人という甚大なものとなり，各地で民族的な殺戮が行なわれ，のちにジェノサイドと認定された大量殺戮も発生した．女性に対する民族攻撃を目的とした強姦も計画的に行われたという．1995年12月に，デイトン合意が締結され，和平へのプロセスがはじまった．旧ユーゴスラヴィア国際刑事裁判所(International Criminal Tribunal for the former Yugoslavia, ICTY: 1993. 5.〜2017. 2.)では，161件の訴訟があり，90名が有罪となり，19名が無罪となっている．

　紛争中，多くの殺戮があったわけだが，よく知られているのが，ボスニアの北東部にある，スレブレニツァ虐殺である．スレブレニツァ（Srebrenica）では，1995年7月に，推定8000人以上のボシュニャク系の男性と少年が虐殺された．第二次世界大戦以降のヨーロッパで，最悪の虐殺事件といわれている．旧ユーゴスラヴィア国際刑事裁判所と国際司法裁判所は，いずれもこの事件をジェノサイドと認定した．しかし，セルビア系は，これを虐殺と認めておらず，クロアチア系は，沈黙を守っている．ここは，セルビア系の地域の中にあるボシュニャク系の飛び地であり，歴史をさかのぼるとセルビア系への暴力も発生していた地域であったという．そのような暴力の応酬という背景があり，いくつかの複雑な状況が重なって起きた悲劇であったといわれる［長2009］．このように，国際裁判所がジェノサイドと認め，外部者の眼からは目を背けることのできない「事実」として明白な出来事と思われるこの虐殺も，国内では必ずしも一致した理解がされていない．このことが，ボスニアの「和解」の困

難さを象徴しているといえるだろう.

　ボスニアの３つの民族集団は, 同じ言語を話し, 同じ体制下で, 隣人として長らくともに暮らしてきた人びとであった. 通婚もあったという. つまり, ボスニア紛争は異なる価値観を持つ異民族間の殺し合いではなく, 同じ価値観と行動様式を持つ人びとが, 市民を巻き込み内戦を戦い, いずれの集団もが同質の暴力を展開したのである [佐原 2008]. そのような紛争の生々しい傷をかかえる人びとに対して, 和解という方法は有効で, 彼らを癒しと解決に導くことができるのだろうか.

　2018 年 8 月 28 日から 9 月 6 日に, サライェヴォ (Sarajevo) を訪れ, OHR オフィス, BiH ブルチュコ・コーディネーション事務所, EU 代表部, 大使館などを訪れ, 現在のボスニアの状況についての情報を得た. 複数の被害者の会などへのインタビューを行なった. 本文では, カリタス・ボスニアでのインタビューを中心に扱うことにする.

　カリタス・ボスニア (Caritas BiH, 以下, カリタス) は, キリスト教系の NGO で, 過去 12 年間, 紛争後の平和構築をめざし, そのための様々なプロジェクトを行ってきている. その中で, 現在のところもっと大きな平和構築プロジェクトが, PRO-Future プロジェクトである. これは, カソリック救援サービス (CRS ; Catholic Relief Servises 以下 CRS と略称) が計画した 5 年間の平和構築プロジェクトで, 複数の活動が含まれる. その中でも力を入れて行っているのか, 紛争経験者が公に経験を語るイベントである. カリタスと CRS は, 国家, 州, カントンなどで, 戦争犠牲者がその経験を語るイベントをおこなっている. それに参加した人びとが語りに影響をうけ, 社会的変化の中心となるよう動きを期待して, 多くの語りのイベントを運営している.

　これまでにカリタスは 250 回以上の公的な語りのイベントを組織, 開催し, 多くの紛争犠牲者が, 自己の経験を多様な聴衆に向かって語って来た. こうした語りのイベントに向けて, これまでに約 40 回の研修とワークショップのプログラムを行ったという. これらのプログラムでは, 参加者は約 2 年間の研修

表 6-1　インタビュー対象者

	性別	世代	民族集団	紛争被害経験
A	M	40代	ボシュニャク系	戦争キャンプ捕虜経験，父死亡
B	F	30代	ボシュニャク系	難民，爆撃
C	F	50代	セルビア系	女性兵士，妹死亡
D	M	50代	セルビア系	ボスニアの戦争キャンプ収容経験，娘がレイプされる（？）
E	M	50代	セルビア系	ボスニアの戦争キャンプ収容経験
F	M	40代	ボシュニャク系	家を燃やされる．知人殺害の証人となった
G	F	50代	クロアチア系	夫を失う．今も不明．

（出所）筆者作成

をうけ，ワークショップに参加し，心理学的カウンセリングなどを含めた様々な指導をうけて，紛争経験の語りを外に向けて語ることができるようにしていく．これまでに，120人以上の戦争捕虜，市民，兵士などの紛争での犠牲者がこのプログラムに参加してきたという．参加者の背景は多様だが，サライェヴォの住民がほとんどで，有職者が会社を通して参加している場合もあり，宗教的背景も異なる．しかし，このプログラムに参加した人たち全員が，語りのイベントで自分の話を語れるようになるわけではない．むしろ語れるようになった人は少数派で，多くが途中で脱落してしまうという．それほど，自己の紛争経験を他者に語ることは困難であるということだろう．カリタスでは，最終的には，紛争経験者や犠牲者が，議会でその経験を語ることができるようになることを目指している．今回は，このプログラムに参加し，公的イベントで自己の経験を語るようになった7名へのインタビューを行うことができた．**表6-1**のように，インタビュー対象者の所属集団は3集団にわたっており，このプログラムで異なる集団の人と友人になれた，と語った人もあった．

　インタビュー対象者のうち，4人の語りを以下に示す．

　　Aさん「戦争キャンプの捕虜経験者．父を殺害された．17才の時に戦争がはじまり，家が燃やされ，多くの村人が死んだ．サライェヴォの戦争キャンプの一

つに入れられた．そこで，ひどい扱いを受けた．頭の後ろで手を組んで，歩かされた．その腕を，銃で殴られて指がつぶれた．しかし，その時に助けてくれたのはセルビア人の医師だった．だからすべてを憎むことはしない．

カリタスの訓練に参加し，我々に何が起きたのかを学んだ．プレゼンテーションのクラス，心理学のクラスなど．自分たちに起きたことを話す方向に進んだ．訓練は，全部で2年ほど．カリタスで自分は大きく変わった．ワークショップのあとセルビアに対する憎しみはない．セルビア人医師のおかげで命があると思っている.」（44才，男性，ボシュニャク系）

Bさん「10歳の時に戦争が始まった．トラウマになるような経験だった．しかし子どもだから喜びもあった．母と二人，難民となり，故郷を離れて出兵した父の駐留している場所の近くを転々と移動した．1995年にいた村が爆撃された．どうやって逃げたのか覚えていないが気づくと冷蔵庫の中にいた．多くの友人，子どもたちがなくなった．

ボシュニャク系以外の人とは口をきかないというのが，戦後すぐの気持ちだった．しかし，今は，どのような民族も無実の人への犯罪は裁かれるべきとおもっている．私はずっと憎しみを持ち続ける強さはない．私は宗教的な人間で，赦しは宗教の重要で中心的なもの．

7年前にカリタスのトレーニングに参加した．とても深く，感情をゆさぶられた．しかし，Cさんのようなボシュニャク系の友人もでき，友達も増えて今日まで続く関係になった．他の人たちの経験の話を共有することは感情的な経験であり，重要なことだと思う．自分の経験をオープンにすることが大切だと思う．閉じてしまうと，未来のことを話すことができないから.」（37才，女性，ボシュニャク系）

Cさん「女性兵士で，やはり軍隊で働いていた看護師の妹を亡くした．戦争がおきた時，サライェヴォ大学で政治学を学んでいた．それまでは民族や宗教の違いを考えることもない，穏やかな美しい生活だった．1992年に変化があった．故郷に戻ろうとするとクロアチア兵士がバリケードを作っていた．戦争の

前に軍隊の学校をおえていたので，兵士になった．セルビアの兵士．父，兄は戦争に行かなくてはならなった．兄弟を愛していたから兵士になった．故郷を守るために．1992年に爆撃にあい，私はひどい怪我をし，妹が死んだ．7カ月入院し，6つの手術を受けた．しかし，宗教的な家庭で育ったので，憎しみは持ち続けない．

　カリタスに入ったのは，今働いているNGOとの関係で招待された．自分と同じセルビアでも犯罪は犯罪，人間として反対する．どの民族によるものでも同じ．何が起きたのかが，わからず，多くが隠されていた．

　和解は重要だと思っている．いくつかのトークイベントにかかわった．もう一度マルチエスニックな村に戻ってほしい．民族間の結婚もある村だった.」（52才，女性，セルビア系）

Dさん「妻と娘（高校2年生）と暮らしていた．妻と二人サライェヴォで働き，幸せなよい生活だった．電車の運転手だった．15年間働いていた．政治的な活動はしていない，普通の市民だった．

　戦争がはじまり，ある日10人のボシュニャク系の兵士が銃をもってやってきた．私はつかまって，キャンプに連れていかれた．兵隊たちは私を殴り，妻を捕まえ，家に兵器がないか探した．知らない，というと殴られた．娘をレイプしようとしていると聞いた時，目の前が真っ暗になり，痛みを感じなかった．

　戦争キャンプに収容された．その経緯の中で殴られ，けがをした．一つの部屋に9人から12人も詰め込まれ，横になるにも重ならなくてはならなかった．何日も間の飢えと渇きを経験した．最前線でフェンスを作る仕事をさせられ，死者も出た．

　加害者は民族にかかわらず，罰せられるべき．ずっとそう思っていた．和解は大切．謝らなくても許す．長く心理学的苦しみを抱え，暴れたり，悪夢を見たり．人間として許そうと決めた．許すが忘れない．

　憎しみに人を殺してしまう．その人が今現れても殴るつもりはない．普通に生きたい．カリタスには，平和構築に参加したくて参加した．自分以外の二つ

の民族集団の存在が生きる力をくれた．カリタスで生存者に出会った．目の中に謝罪が見えた．今では自分でも語るイベントを組織したりもする．」（50 代，男性，セルビア系）

　以上の語りからわかるように，どの人も紛争で非常に辛い思いを経験し，その経験の中から，公に語ることのできるストーリーを選び取っていた．そうすることでようやく，語れるようになったのであり，インタビューでも実は語りえない多くの複雑な感情的なものを抱えていることが伝わってきた．どの人も感情をしっかりと抑制し，大変に落ち着いた語り方だった．印象的だったのは，ほとんど全ての人が，出身民族の違いにかかわらず，憎しみを持ち続けることなく，相手が認めて謝れば赦したい，と語っていたことであった．その一方で，個人としての憎しみは消えないが，集団としての憎しみは忘れたい，との複雑な思いの語りもあった．インタビューのケースが少なすぎるため，印象としてしか語れないが，和解の困難さがここからも見えてきたといえる．

　先に触れた，カハノフは，パレスチナでの和解の可能性についての調査で，トラウマの証言が治療プロセスとしての意味があることを述べ，そのためには語りを受け入れ，承認することの必要性を強調している．そのうえで，調査からは，自分を犠牲者とみなしている集団は他の集団のトラウマを承認することを困難に感じていることを指摘し［カハノフ 2019：186］，この地域での和解の困難さを論じている．

おわりに——和解が可能になる可能性——

　和解は，裁判での解決とは異なる，紛争や暴力ののちの集団間の問題解決を探るものである．これまで見てきたように，そこでは「語り」「証言」が中心的なものとなる．そしてその語りを傾聴し，さらに「承認」することが枢要といえるだろう．本章で見てきたオーストラリアとボスニアの対比からは，オーストラリアでの和解委員会を中心とする和解への道筋は，順調であるようにみ

える．そして，一方のボスニアでは民族間の和解の道のりは非常に遠いといわざるを得ない．しかし，ボスニアでのインタビューからは，ほとんどすべての人が，少なくとも和解の重要性は認めていることがわかった．最後に，その困難な和解を達成できる可能性を考えてみたい．

和解を可能にするために，重要と思われる二つの点を考えよう．まず一つ目は批判的記憶の醸成である．戦争や紛争ついての自国の立場についての公的見解は，しばしば自己肯定的で独善的なものになることが多く，戦争犯罪についても自国，または自集団の犯罪性を薄めようとする態度が一般にみられる．第二次世界大戦の枢軸国のなかで，ドイツの批判的記憶文化の構築，共有への姿勢がきわめて突出していることはよく知られている［ヤラーオシュ 2018］．「批判的記憶」とは，自己または自分の属する国や民族にとっての，公的に認められている過去についての否定的な「歴史観」のことを指す．

ドイツの公的記憶の批判論的展開は，過去をめぐる一連の熾烈なせめぎあいの結果としてあるという［ヤラーオシュ 2018］．第二次世界大戦が終了し，1945年ナチの犯罪が暴露されたことによって，徹底的な自己省察が要請されることになった．しかし，戦後の経済が回復し始め，雇用などに戦時のナチスへの協力が影響するようになると，人びとは「上司の命令」だった，「知らなかった」などとして，個人責任を否定する動きがつづいた．公式上の自己批判と，自己の行動についてのいいわけがましい思い出との間には，大きなずれがあり，弁明論者たちは，ドイツ人の被害を重く見，「集団としての罪」を背負うことを拒否する態度を明確にしていた．そこでは，我々だけでなく「連合国も虐殺した」という語りが一般的になっていた．

しかし，外国の評論家，国内の政治家，国内外の告発者，メディア，歴史家などによって，ナチスの犯罪性が徹底的に検証され，多くの研究が発表されると，それらを直視せざるを得ない状況が生まれた．10年にも及ぶ批判と弁明の両者の闘争の末，議論の余地のない証拠として「被害者，告発者の語り」が示され，ホロコーストの実在は，否定することのできないものになった．しか

し，一般の人びとがこれをうけ入れるには，メディア，記念碑，記念式典，展覧会などを通じた長期に及ぶ市民社会への普及活動が必要であったと指摘されている［ヤラーオシュ 2018：22］．

　オーストラリアの事例でみたように，先住民の経験が語られ暴力の実在が歴史家によって書かれても，それは直接には一般の人びとには届かず共有されない．和解委員会は，このような歴史的な暴力をイベントや映画，舞台，絵画，展覧会，そして学校教育を通して人びとに届けつづけた．それによって，オーストラリアでは 2000 年までにアボリジニの受けてきた迫害の歴史を批判的記憶として，オーストラリアの歴史として受け入れ，アボリジニの証言に耳をかたむけるコミュニティ［カハノフ 2019］を成立させることを可能にしたのだといえるだろう．それでも和解はまだ道半ばであるが，基盤は作られた．我々が過去の過ちに向き合うことの可能性は，メディアによって批判的過去の情報を十分に知り，それを共有することにあるといえる．

　そしてもう一つの可能性は，イムのいう「脱領土化」であると考える．イムは，犠牲者意識の脱領土化という可能性を論じ［イム 2018］，記憶空間という概念を提示する．戦争，植民地主義による暴力，ジェノサイドなどをめぐる固有の記憶は，その社会的文脈の中にある．ボスニアやパレスチナのように，集団間の直接的な恨み，怒りが固着に入りくんでいるような社会的記憶空間においては，なかなか和解への道筋を見つけられない．その痛みやトラウマの記憶が明瞭である場合はなおさらであろう．イムが可能性を見出すのは，1990 年代以降，急激に進んだグローバライゼーションのもとで，トラウマを抱える多くの人が移住，移動することによる効果である．グローバリゼーションによって，これまでにない規模で人が移動する．そのとき，それぞれの痛み，トラウマ，記憶を，移住した先の空間に移植することで，新しくグローバルな規模の記憶空間が誕生する可能性が生まれる．そこでは，個々の記憶が他の記憶と結びつく現象が起こる．これを脱領土化とイムは呼び，その現象に可能性を見出している．

具体例として，取り上げられているのは，2011 年，ニューヨーク市での，元日本軍慰安婦の老婦人たちとホロコーストの生存者たちの出会いの事例である．異郷の地に移動した別個の集合的記憶が，国境を越えてどのように出会い結び付き，新たな和解の可能性という結果に結びつくことを論じている．閉ざされた記憶が，異郷の地で巡り合い，励ましあい，競合し，共有される，つまり，トランスナショナルな記憶空間でむすびつく，という現象が起きたといえる．トランスナショナルな場で，それぞれの証言は承認され，ささえられる「コミュニティ」を得たといえるだろう［カハノフ 2019］.

　これは，個別の，例えば個人のホロコースト生存者という記憶を，「トランスナショナルな記憶文化」の文脈に位置づけようとする試みにもつながる．犠牲者の記憶が，脱領土化され，脱民族化されることに重要な意味が認められるのである．その際，自分とは無関係な遠く離れたところにある犠牲者意識と，自分の犠牲者意識を合流するのに使う，相互参照（cross-referencing）という手法が大きな意味を持つ［イム 2018］．相互参照は，1990 年以降盛んにグローバルな記憶空間で行われてきていることであり，ホロコースト，植民地ジェノサイドの記憶がグローバルな記憶空間で出会い，連帯し始めているということができる．

　グローバルな記憶空間を支配する記憶のコードは，これによって根源的に変化したとイムは論じている．21 世紀になって，「グローバルな記憶空間」「コスモポリタンな記憶文化」「グローバルな集合的記憶」「トランスナショナルな市民的記憶」などと呼ぶことのできる記憶空間が登場し，これが，犠牲者意識をより普遍的なものとし，和解につながる可能性をうんだ［イム 2018］.

　記憶は同じ集団の中でも個々の立ち位置によって異なり，それらの記憶が対立するのはごく自然なことといえる．問題は差異があることではなく，差異と衝突の性格である．つまり，差異と対立が，和解できるようなものであるのか，という点が肝要といえる．紛争をめぐる記憶の差異は，加害者と被害者の間で対立し，とても和解にむすびつくことができないような衝突を生む場合が

多い．その際に，犠牲者意識が脱領土化し，トランスナショナルな市民的価値をめぐるビジョンが共有されることになるなら，競合し，対立する記憶も脱領土化されての共有される可能性をえる．それはまさに，和解の可能性の創出といえるのかもしれない．

　ボスニアで，今後，各民族集団内で，批判的記憶が醸造される可能性はあるだろうか．今のところ，メディアによるソフトな形での経験の共有と蓄積から始める必要があるだろうということしか確言はできない．人びとが心に抱える激しい痛みは現実で生々しいものである．グローバルでコスモポリタンな記憶空間が，トラウマを証言し，それに傾聴し，支えてくれる新しいコミュニティとして機能する可能性を期待したいと思う．

謝　辞

　カリタスの PRO-future 参加者へのインタビューは，カリタス・ボスニアの Siniša Sajević 氏のアレンジによって可能になった．また，インタビューは，本書第 2 章担当の大串和雄氏と共同で行わせていただいた．ここに感謝申し上げる．

注

1）まず最初に第 1 条，第 2 条で規定されている「尊厳」は，人種，宗教，信仰，国籍，社会的出身，性による区別なく全ての人に享有されるものとしている．第 3 条から 19 条で規定される「自由」は第一世代に人権とよばれ，啓蒙主義の時代に獲得されて市民的自由権をさす．第 20 条から第 26 条の「平等」は第二世代の人権であり，産業革命時代に象徴的な政治，社会経済的公平に関する権利をさす．そして，第 27 条，28 条の「友愛」は，第三世代の人権であり，19〜20 世紀に現れ，脱植民地時代に継続して主張されてきた集団の民族的連帯に関する権利をさす［イシェイ 2008］．

2）http://www.austlii.edu.au/au/other/IndigLRes/rciadic/（2020 年 3 月 5 日閲覧）．

3）1993 年の国連の「世界の先住民の国際年」に先立ち，これを記念して 1992 年 12 月 10 日に行われた当時の首相によるスピーチ．シドニーでもアボリジニ人口が多いといわれるレッドファーン地区にある公園で行われた．歴代首相のスピーチの中でも最も力強いもののひとつで，オーストラリアの入植の歴史がアボリジニにもたらした負の影響を明確に認めたものとして有名である．

4）https://www.humanrights.gov.au/our-work/bringing-them-home-report-1997（2020
　年3月5日閲覧）.

◆参考文献◆
＜日本語文献＞
阿部利洋［2007］『紛争後社会と向き合う──南アフリカ真実和解委員会──』京都大学
　学術出版会.
イシェイ, M. R.［2008］『人権の歴史──古代からグローバリゼーションの時代まで──』
　（横田洋三監訳），明石書店.
イム, J.［2018］「グローバルな記憶空間と犠牲者意識」，橋本伸也編『紛争化させられる
　過去──アジアとヨーロッパにおける歴史の政治化──』岩波書店.
岡裕人［2012］『忘却に抵抗するドイツ──歴史教育から「記憶の文化」へ──』大月書
　店.
長有紀枝［2009］『スレブレニツァ──あるジェノサイドをめぐる考察──』東信堂.
河原節子［2014］「和解──そのかたちとプロセス──」『外務省調査月報』1.
久保慶一［2003］『引き裂かれた国家──旧ユーゴ地域の民主化と民族問題──』有信堂
　高文社.
カハノフ, M［2019］「パレスチナ問題における承認と和解──集合的トラウマをめぐる
　ポリティックス──」，田中雅一・松嶋健編『トラウマ研究2　トラウマを共有す
　る』京都大学学術出版会.
黒沢文貴・I. ニッシュ編［2011］『歴史と和解』東京大学出版会.
小菅信子［2005］『戦後和解』中央公論新社.
佐原徹哉［2008］『ボスニア内戦──グローバリゼーションとカオスの民族化──』有志
　舎.
徐勝［2000］「双勝と慈悲──朝鮮半島における和解，協力，統一──」『現代思想』
武内進一［2002］「正義と和解の実験──ルワンダにおけるガチャチャの試み──」『アフ
　リカレポート』34.
多谷千香子［2005］『「民族浄化」を裁く──旧ユーゴ戦犯法廷の現場から──』岩波書
　店.
ハント, L.［2011］『人権を創造する』（松浦義弘訳），岩波書店.
ヘイナー, P. B.［2006］『語りえぬ真実──真実委員会の挑戦──』（阿部利洋訳），平凡
　社.
松田素二［2003］「法外世界と日常的実践──南アフリカにおける脇と救済を通じて──」

「シンポジウム　法の構築」『法社会学』58.

ヤーラオシュ，K. H.［2018］「批判的記憶をめざして──ヨーロッパの中でのドイツの事例──」，橋本伸也編『紛争化させられる過去──アジアとヨーロッパにおける歴史の政治化──』岩波書店.

吉田尚史［2019］「トラウマ・臨床・和解のプロセス」，田中雅一・松嶋健編『トラウマ研究 2　トラウマを共有する』京都大学学術出版会.

＜外国語文献＞

Eyerman, R.［2001］*Cultural Trauma Slavery and the Formation of African American Identity,* Cambridge；New York：Cambridge University Press.

Truth and Reconciliation Commission of South Africa［1998］Final Report, Juta（Cape York）.

第 7 章

紛争後のボスニアにおける共通内集団アイデンティティが社会秩序に与える影響

熊谷　智博
Almir Maljević

はじめに

旧ボスニア紛争は,「民族紛争」と言われ,ボシュニャク系,クロアチア系,セルビア系という民族に分かれてお互いに争った.そのような経験が紛争後の社会,特に社会制度の再建と治安の維持に対する人々の態度にどのような影響を与えているのかを検討するのが本章の目的である.民族というカテゴリーが紛争激化の要因となっただけでは無く,紛争後の社会にも悪影響を及ぼし続けているならば,そのメカニズムを解明することは,紛争後の社会を生きていく人々にとって重要な問題と言える.本章ではこの点について,特に社会心理学の観点から実施した質問紙調査の結果を示しつつ議論する.

1 集団間の対立を促進する集団カテゴリーと抑制する共通内集団アイデンティティ

民族であれ国家であれ,何らかのカテゴリーに自分と他人を分類し,そこにアイデンティティを見いだすことは,紛争の原因となるのだろうか.この点について社会心理学は古くから研究を重ねてきた.Nadler and Shnabel [2008: 265-92] によれば,集団間の紛争は大きく分けて二つに分類される.一つは現実的問題から生じる紛争で,領土や予算などの希少資源を巡る紛争である.こ

のような紛争を Campbell [1965: 283-311] は現実的葛藤と呼んだ. 彼によれば二つの集団が存在し, 両集団ともが特定の資源を欲するが, 一方だけしかそれを獲得できない状況において, 集団同士は競争的になり暴力を伴う紛争に至ると考えられた. もう一つの集団間紛争のタイプは心理的欲求に基づくものであり, Frijda [1994: 263-89] によれば, 人々が集団を形成した結果, その集団成員性に基づくポジティブな評価, 価値あるアイデンティティ, 自立性, 安全, 正義に対する欲求が生まれ, それが満たされない場合に脅威を感じ, その脅威を与えたものに対して報復が動機付けられる. このような心理過程を経て集団間紛争が生じる.

　上述の通り, 集団を形成すること, あるいはある集団の一員であると意識することは, 人々の意識を資源や勢力などへと向けさせる効果があると考えられる. 言い換えると, 人々は単に集団を形成するだけで, そのような集団が他の集団との間に歴史的経緯や成員としての特徴の相違点が無いにも関わらず, 他集団との競争や対立が強まる可能性があるといえる. この点を実験的に検証したのが「個人間―集団間不連続性」に関する研究である. Insko, Pinkley, and Hoyle et al. [1987: 250-67] の研究では, 参加者は個人同士, または三人一組の集団同士で囚人のジレンマ課題を行った. その結果個人同士では競争的選択は全体の 6.6% であったのに対し, 集団間ではそれが 36.2% であった. さらに集団内で代表者を選出し, その代表者が決定する状況では競争的選択の割合は53.3% にまで上昇した. この個人間－集団間不連続性が生じるメカニズムに対して, 人は個人よりも集団に対してより強い恐れを抱き, また対象を競争的, 攻撃的と認知するバイアスを持つことが指摘されているが [Kramer 2004: 219-37], それ以外にも内集団成員からの自分に対する評価を高めたいという動機が働き, その結果として道徳的選択よりも集団の利益を最大化しようすることも原因として指摘されている [Pinter, Insko and Wildschut et al. 2007: 250-65].

　このように集団間紛争の発生に関して集団成員としてのアイデンティティを獲得するという質的な変化はもちろん重要だが, そのアイデンティティの強さ

という量的側面も集団間紛争の激化において重要な要因である．集団間攻撃行動の心理過程を実験室実験で検討した熊谷の一連の研究［熊谷 2013：86-93；熊谷・大渕 2009：200-207］では，一時的に形成された集団であっても，協力経験や公正な処遇によってその集団へのアイデンティティが強められた参加者は，外集団に対する報復動機が強まり，実際に強い攻撃行動を示した．これらの実験結果は，何らかの社会的カテゴリーによって集団を作ること，そしてその集団に強いアイデンティティを持つこと，つまり強く同一化することによって，外集団に対する敵対的な態度が強まるだけではなく，実際の行動によって紛争を悪化させることを示している．

　このような心理過程を旧ボスニア紛争，特にボスニア・ヘルツェゴヴィナ（以下，ボスニア）での紛争に当てはめると，どのようなことが考えられるだろうか．ボスニアでの紛争にはもちろん民族間での歴史的反感や現実的な利害対立，不平等な処遇など多様な原因があり，それによって集団同士の敵対的態度が生まれたと考えられる．それらの要因の影響は承知の上で，民族紛争と言われるボスニア紛争において，自分から望んで獲得したにせよ，周囲の人々から押し付けられ強制されたにせよ，人々は民族的なアイデンティティを獲得し，それによって自分を認識していたことは十分に考えられる．さらには民族的アイデンティティに基づいて援助してくれる者，敵対してくる者も生じるという環境のため，それを強く意識せざるを得ない状況にあったことも考えられる．従って，一部とはいえ民族的アイデンティティの形成と強化は，ボスニアでの紛争を激化させた要因と考える事が出来るだろう．

2　民族的アイデンティティと共通内集団アイデンティティが紛争後社会の再建と秩序への態度に与える影響

「民族」というカテゴリーが集団的アイデンティティとしてボスニア紛争を激化させた可能性について議論したが，そのような可能性は紛争発生前，または紛争中だけでは無く，紛争後にも人々にとって悪影響を及ぼすことが考えら

れる．一旦生じた紛争が和平に至った後，問題となるのは紛争の再発であり，それを抑制する為の社会体制の構築と秩序の維持である．

　紛争後の社会体制の構築と治安維持には様々な要因が必要であるが，本章では特に重要な社会的態度として，「権威の正当性」「民主主義の軽視」「過激行動」の三点に焦点を当てる．人々が社会秩序に対して非協力的になる理由としては，これらの社会的態度以外にも，例えば外集団に対するネガティブなイメージや記憶などが考えられる．このような外集団に対する認知の影響はもちろん重要な要因であるが，本章ではそれらのネガティブな点をいかに抑制するかではなく，別のアプローチを探索し，その有効性の検証を目的としている．そのため，紛争後社会の再建に寄与する，自集団の自発的な協力を促進する要因に焦点を当て，それらの低さから生じる障碍の心理過程と合わせて議論する．このような目的のために，本章では人々の社会に対する態度として，「権威の正当性」「民主主義の軽視」「過激行動」への影響について検討する．

　「権威の正当性」は人々が政府による政策や，法律，警察による治安維持活動に対して，それに従い，協力的な態度を示すか否かを決定する重要な要因である．紛争後社会の再建には国民の協力が不可欠であるが，その協力が得られるかどうかは人々が政府や警察を正当な存在として受容される必要がある．正当性が認知されれば，決定や活動が例え自分たちの自由を制約するとしても，それを公正で自分たちの利益にかなうものとしてそれに従うだろう．

　「民主主義の軽視」も権威の正当性と関わる問題であるが，決定された法律や政策に従うかどうかに大きな影響を与えると考えられる．民主主義の精神を尊重するということは公正な手続きによる決定に対して，例えそれが個人的には不利益となっても受け入れるということである．これは人々に個人的，そして短期的な損失を受け入れさせることによって，長期的な国家再建を実現にするために必要なことである．しかし民主主義の精神を軽視する傾向が強まれば，人々は決定された政策や法律に違反してでも個人的利益を追求し，その結果として社会制度の再建が困難になると考えられる．

そして「過激行動」はより直接的に紛争後社会の秩序を破壊するものとして問題となる．過激行動は貧困や不平等など自分や自集団に対する不公正な処遇から生じる不満を，暴力的な違法行為によって表明することである．そのターゲットは政府や政治家，警察などの権威者に向かうことが多いが，ヘイトクライムや民族対立のように他集団に対して向けられることもある．対象が何であれ，暴力的な行動はそれによる被害者を生み，違法行為は社会秩序に対する人々の信頼を損ない，社会不安を生む．これは紛争後社会にとっては看過出来ない問題であると言える．

これらの問題に対して民族的アイデンティティはネガティブな影響を与えると予測できる．Rothbert, Evans and Fulero [1979 : 343-55] の実験では，人々の様々な行動についての記述を読ませた後で，その内容について想起させるという課題を行った．結果は登場人物が内集団成員であった場合は好ましい行動を，外集団成員であった場合は好ましくない行動をより多く思い出すことを示していた．さらに Maoz, Ward and Katz et al. [2002 : 515-46] の研究では，イスラエル−パレスチナ間での紛争に対する和平案に対して，本当は内集団が作成したものであっても「外集団が作成した」と説明をすると，その和平案に対する好ましさは低下していた．このことをボスニア紛争に当てはめると，紛争後社会の行政や警察などの権威に他民族が混在していること，さらには政策や法律の決定過程に他民族が参加していることによって，権威に対する正当性を低く認知し，民主主義の精神を軽視するようになり，さらには過激行動に対する抵抗感を低下させてしまうことが考えられる．

これに対して他民族の混在を許容するアイデンティティの獲得，つまり「共通内集団アイデンティティ」の獲得は，これらの問題を解決する要因となることが考えられる．共通内集団アイデンティティモデル [Gaertner and Dovidio 2000] によれば　他集団との間で共通するカテゴリーによって自分たちを再カテゴリー化することで，外集団に対する否定的認知が低下し，脅威を弱く知覚し，協力的な態度を取りやすくなる．例えばボスニアでは，ボシュニャク系，

クロアチア系，セルビア系に共通するアイデンティティとして（ボスニア連邦とスルプスカ共和国を合わせた）ボスニア・ヘルツェゴヴィナ国民」（以下「ボスニア人民」）やさらに上位カテゴリーである「ヨーロッパ人」などが共通内集団アイデンティティとして考えられる．本章ではボスニアのような多民族国家においてこそ，この共通内集団アイデンティティによる紛争後社会への建設的効果はより明確に示されると予測し，本章では質問紙調査によってそれを検証する．

▍3 ボスニアにおける質問紙調査

(1) 調査方法

　調査方法に関しては8章（上田担当章）と同一であるため，本章では省略する．本研究の中心的関心はボスニアでの複雑な民族的アイデンティティが紛争後の社会に対する態度にどのような影響を与えているかを明らかにする事である．そのため，本研究では各回答者に複数の共通内集団アイデンティティと民族的アイデンティティそれぞれに対する同一化の強さについて回答を求めた．回答者は共通内集団アイデンティティとして「ヨーロッパ人」「ボスニア人」，ボスニアの構成体である「ボスニア・ヘルツェゴヴィナ連邦（以下，ボスニア連邦）」「スルプスカ共和国」，隣国で民族的な繋がりをもつ「セルビア共和国」と「クロアチア共和国」，そして民族集団として「ボシュニャク」「クロアチア系」「セルビア系」のそれぞれに対して11件法（0〜10）で同一化の強さを回答した．

　社会制度に対する態度の測度として，Doosje, Van den Bos, and Loseman [2013: 586-604] において用いられた権威正当性知覚，民主主義軽視，過激行動支持に関する質問項目への回答を求めた．権威正当性知覚の程度を測定する項目として「私は自国の政府を尊敬している」「私は警察を尊敬している」「自国の政府は全ての人に尊敬されるべきだと思う」の3項目を用いた．民主主義軽視の程度を測定する項目として「私は民主主義の原則が尊重されるべきだとは

思わない」「民主的に制定された法律であってもそれに納得できないときには，従う必要はない」の2項目を用いた．これらの項目に対して「1：全くそう思わない」から「7：非常に強くそう思う」の7件法で回答を求めた．過激行動支持を測定する項目として「あなたの集団の過激化に対する態度はどのようなものですか」「他集団に対するあなたの集団の過激行動についてどのように考えていますか」の2項目に対して「1：非常に否定的」から「7：非常に肯定的」の7件法による回答を求めた．

(2) 結 果

集団アイデンティティの内，共通内集団アイデンティティである「ヨーロッパ人」と「ボスニア人」，民族的アイデンティティである「ボシュニャク系」「クロアチア系」「セルビア系」「その他」の項目得点をアイデンティティの測度として用いた．それぞれの平均得点及び標準偏差は**表7-1**の通りであった．

社会的態度である権威正当性知覚に関して，Doosje, Van den Bos and Loseman [2013] では3項目の平均値を用いていたが，本章ではボスニアの事情を考慮し，「私は自国の政府を尊敬している」と「自国の政府は全ての人に尊敬されるべきだと思う」の2項目の平均値を政府正当性知覚，「私は警察を尊敬している」の項目得点を警察正当性知覚として，分けて扱うこととした．これはボスニアでは警察の管理は州（カントン）に権限があり，政府に対する支持と州に対する支持が必ずしも同一では無いと予測されたためであった．民主主義軽視，過激行動支持に対しては，それぞれ項目平均値を求め，それを項目得点とした．項目得点の平均値，標準偏差，及び項目間信頼性（クロンバッハのα，2項目の場合は相関係数）は**表7-2**の通りであった．

現在のボスニアにおける民族的アイデンティティと共通内集団アイデンティティが社会的態度に与える影響を検証するため，上記の項目得点を用いて重回帰分析を行った．まず政府正当性知覚，警察正当性知覚，民主主義軽視，過激

表 7-1　共通内集団アイデンティティおよび民族的アイデンティティの平均得点（M）と標準偏差（SD）

変数	M	SD
ヨーロッパ人アイデンティティ	5.57	3.22
ボスニア人アイデンティティ	7.40	3.32
ボシュニャク系・アイデンティティ	6.20	4.38
アイデンティティ	2.84	3.97
セルビア系アイデンティティ	3.33	4.34

（出所）筆者作成.

表 7-2　社会的態度の項目平均得点（M）, 標準偏差（SD）, 及び項目間信頼性係数

変数	M	SD	α or r
政府正当性知覚	4.67	1.87	.61
警察正当性知覚	5.12	1.96	—
民主主義軽視	2.47	1.62	.47
過激行動支持	2.38	1.68	.71

（出所）筆者作成.

行動支持の得点を目的変数，ヨーロッパ人アイデンティティ，ボスニア人アイデンティティ，ボシュニャク・アイデンティティ，クロアチア系アイデンティティ，セルビア系アイデンティティの得点を説明変数として重回帰分析を行った．次に，ヨーロッパ人アイデンティティとボスニア人アイデンティティを目的変数，ボシュニャク系・アイデンティティ，クロアチア系アイデンティティ，セルビア系アイデンティティの得点を説明変数として重回帰分析を行った．その結果は図 7-1 の通りであった．

　次に，社会的態度に対する民族的アイデンティティの効果について，都市ごとの差異を検討した．サライェヴォ（Sarajevo），トゥズラ（Tuzla），ゼニツァ（Zenica），モスタル（Mostar），バニャ・ルカ（Banja Luka），の 5 都市のデータを用い，上述の四つの社会的態度得点，二つの共通内集団アイデンティティ得点，三つの民族的アイデンティティ得点に加え，ボスニアの構成体である「ボ

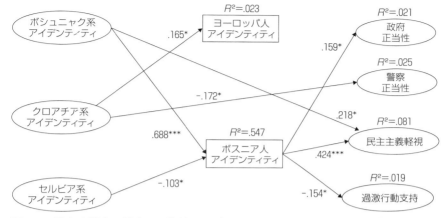

図 7-1 社会的態度に対する民族的アイデンティティと共通内集団アイデンティティによるパス分析結果（数値はステップワイズ法による標準偏回帰係数
(注) *$p < .05$, ***$p < .001$.
(出所) 筆者作成.

スニア・ヘルツェゴヴィナ連邦アイデンティティ（以下，ボスニア連邦アイデンティティ）」「スルプスカ共和国アイデンティティ」，隣国で民族的な繋がりをもつ「セルビア共和国アイデンティティ」と「クロアチア共和国アイデンティティ」に対する都市毎の項目平均得点と標準偏差を算出した（**表 7-3**）.

　5 都市毎にデータを分割し，それぞれで社会的態度に対する民族的アイデンティティと共通内集団アイデンティティの効果を検討するため重回帰分析を行った．その際，民族以外の集団的アイデンティティとしてボスニア連邦に属する，サライェヴォ，トゥズラ，ゼニツァ，モスタルのデータ分析の際にはボスニア連邦アイデンティティを加えた．さらにモスタルのデータ分析の場合にはボスニア連邦と隣国であるクロアチア共和国アイデンティティを加えた．スルプスカ共和国に属するバニャ・ルカのデータ分析の場合には，スルプスカ共和国アイデンティティと隣国であるセルビア共和国アイデンティティを変数として加えた．従ってサライェヴォ，トゥズラ，ゼニツァの分析の際には四つの社会的態度を目的変数として，共通内集団アイデンティティ，ボスニア連邦ア

表7-3 民族的アイデンティティ，共通内集団アイデンティティ，隣国へのアイデンティティ，社会的態度の都市別平均得点（*M*）及び標準偏差（*SD*）

項目	サライェヴォ		トゥズラ		ゼニツァ		モスタル		バニャ・ルカ	
	M	*SD*	*M*	*SD*	*M*	*SD*	*M*	*SD*	*M*	*SD*
ボシュニャク系アイデンティティ	7.83	3.49	8.04	3.2	7.96	3.51	5.29	4.85	1	1.76
クロアチア系アイデンティティ	2.24	3.61	3.82	3.82	1	2.48	5.37	4.96	1.5	2.38
セルビア系アイデンティティ	2	3.61	2.97	3.45	1.31	3.01	1.1	2.96	9.27	2.18
ヨーロッパ人アイデンティティ	4.7	3.32	5.29	3.14	6.04	2.93	6.4	3.51	5.14	2.89
ボスニア人アイデンティティ	8.35	2.95	8.73	1.93	8.47	2.95	7.06	3.71	4.12	2.49
ボスニア連邦アイデンティティ	7.44	3.49	7.4	2.93	6.7	4.19	6.88	3.88	1.54	2.34
スルプスカ共和国アイデンティティ	2	3.34	2.45	2.95	1.29	2.99	0.17	0.71	9.18	1.97
セルビア共和国アイデンティティ	1.67	3.01	1.72	2.51	0.9	2.77	0.21	1.32	8	2.88
クロアチア共和国アイデンティティ	1.85	2.99	2.65	3.08	0.73	2.09	4.35	4.69	1.37	2.26
政府正当性知覚	4.78	1.87	4.87	1.98	4.93	1.55	4.19	1.86	4.61	2.02
警察正当性知覚	4.63	1.91	4.54	2.17	4.94	1.82	4.58	1.97	4.39	1.98
民主主義軽視	2.06	1.05	2.19	1.73	2.54	1.66	3.09	1.68	2.41	1.72
過激行動支持	1.96	1.12	1.78	1.32	1.87	1.08	3.65	2.16	2.54	1.63

（出所）筆者作成.

イデンティティ，三つの民族的アイデンティティの得点を説明変数とした重回帰分析を行い，次に共通内集団アイデンティティとボスニア連邦アイデンティティを目的変数，三つの民族的アイデンティティを説明変数として重回帰分析を行った．サライェヴォ（**図7-2**），トゥズラ（**図7-3**），ゼニツァ（**図7-4**）のパス分析結果は以下に示した通りであった．

　同様に，モスタルのデータを用いて重回帰分析を行った．手続きはサライェ

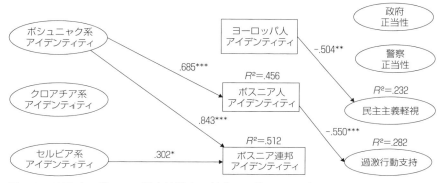

図7-2 サライェヴォでの社会的態度に対する民族的アイデンティティと共通内集団アイデンティティによるパス分析結果（数値はステップワイズ法による標準偏回帰係数

(注) $^*p < .05$, $^{**}p < .01$, $^{***}p < .001$)
(出所) 筆者作成.

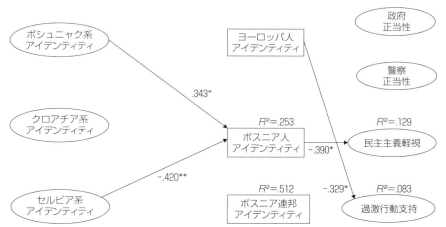

図7-3 トゥズラでの社会的態度に対する民族的アイデンティティと共通内集団アイデンティティによるパス分析結果（数値はステップワイズ法による標準偏回帰係数

(注) $^*p < .05$, $^{**}p < .01$)
(出所) 筆者作成.

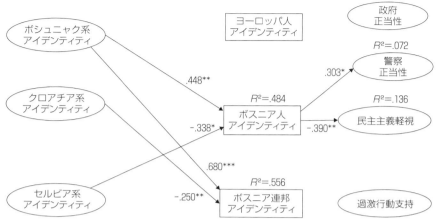

図 7-4　ゼニツァでの社会的態度に対する民族的アイデンティティと共通内集団アイデンティティによるパス分析結果（数値はステップワイズ法による標準偏回帰係数

(注) *p＜.05, **p＜.01
(出所) 筆者作成.

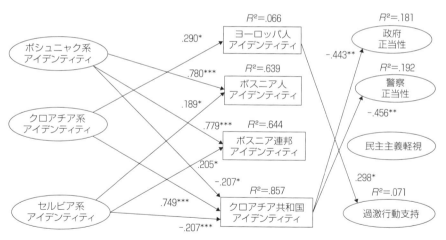

図 7-5　モスタルでの社会的態度に対する民族的アイデンティティと共通内集団アイデンティティによるパス分析結果（数値はステップワイズ法による標準偏回帰係数

(注) *p＜.05, **p＜.01, ***p＜.001
(出所) 筆者作成.

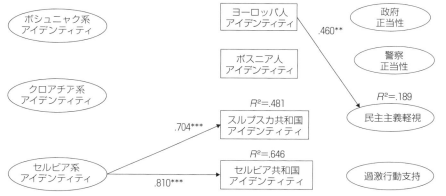

図 7-6 バニャ・ルカでの社会的態度に対する民族的アイデンティティと共通内集団アイデンティティによるパス分析結果（数値はステップワイズ法による標準偏回帰係数

(注) *p < .05, **p < .01, ***p < .001.
(出所) 筆者作成.

ヴォの場合とほぼ同一であるが，クロアチア共和国アイデンティティを最初は説明変数として，二番目の回帰分析では目的変数として分析を行った．その結果は図 7-5 の通りであった．

最後に，バニャ・ルカのデータを用いて同様の重回帰分析を行った．基本的な手続きはサライェヴォやモスタルの場合と同じだが，ボスニア連邦アイデンティティの代わりにスルプスカ共和国アイデンティティの項目得点を，クロアチア共和国アイデンティティの代わりにセルビア共和国アイデンティティの項目得点を用いた．その結果は図 7-6 の通りであった．

4 民族的アイデンティティと共通内集団アイデンティティの関係に関する考察

(1) 民族的アイデンティティが社会的態度に与える影響

まずボスニア全体でのボシュニャク系，クロアチア系，セルビア系としてのアイデンティティが共通内集団アイデンティティと社会的態度に与える影響に

ついて，パス分析の結果はボシュニャク・アイデンティティからボスニア国民アイデンティティを強める事を示していた．さらにそれを介して政府正当性知覚を強め，同時に民主主義軽視と過激行動支持を弱めていた．これはボシュニャク系への同一化が強ければ強い程，共通内集団アイデンティティであるボスニア人への同一化を介して民主的な手段によって決定された政策や法律に対して協力的になること，そして違法な過激行動に対しては否定的な態度を強めることを意味している．従ってボシュニャクにとっては共通内集団アイデンティティを強めることが紛争後社会にとって建設的に機能すると推測される．

　ボシュニャク系・アイデンティティの影響とは対照的に，クロアチア系アイデンティティは共通内集団としてのボスニア人アイデンティティとは無関係である一方，ヨーロッパ人アイデンティティを強めていた．ただしそれを介して社会的態度に影響を与える事は無く，クロアチア系アイデンティティが警察正当性知覚を直接弱めることだけが示された．これはクロアチア系住民がヨーロッパ人アイデンティティを強めることで，現在自分が所属している国家や政府からの心理的な離脱を強めている可能性も推測される．この点については都市別の分析結果の考察で再度議論する．

　セルビア系アイデンティティはボスニア人アイデンティティを弱めるのみで，社会的態度に対する直接の影響は無かった．このことはセルビア系アイデンティティが強ければ強いほど，ボスニア人としてのアイデンティティは弱くなり，そのようにして低下したボスニア人アイデンティティは民主主義を軽視する態度をより強めることを意味する．従ってセルビア系アイデンティティが強い者ほど政治や法律を軽んじ，それに従わない傾向を強め，結果として紛争後の社会秩序の形成を困難すると考えられる．ただしこれらの結果はボスニアの5都市をまとめて分析した結果である．現実にはそれぞれの住民が置かれた環境によって民族的アイデンティティが社会的態度に与える影響が変わるのは当然と言える．そこで次に，5都市それぞれの分析結果について個別に考察を行う．

(2) 都市別分析結果の考察

サライェヴォのデータを用いたパス分析の結果は，民族的アイデンティティの内，ボシュニャク系・アイデンティティがボスニア人アイデンティティとボスニア連邦アイデンティティの両方を強めていた．またセルビア系アイデンティティはボスニア連邦アイデンティティを強めていた．しかしその影響の強さはボシュニャク系の方がセルビア系よりも強かった．それに対してクロアチア系アイデンティティはいずれの変数に対しても無関係であった．そしてボスニア人アイデンティティは過激行動支持を弱めていた．従ってボシュニャク系・アイデンティティが強ければ強い程，ボスニア人としてのアイデンティティが強まり，それが過激行動に対する支持を低下させていると言える．

セルビア系アイデンティティが日常生活と密接に関連する構成体であるボスニア連邦への同一化を強めていたが，共通内集団であるボスニア人への同一化には影響が無かったことは注目すべき点である．これはサライェヴォにおいて多数派であるボシュニャク系にのみ共通内集団アイデンティティの媒介効果があることを示唆しており，少数派はボスニア人のように，より抽象度が高いアイデンティティに対しては無関心となっていることが考えられる．そしてそのような多数派としての成員のみが過激行動といった，安全を脅かす過激行動に対して否定的になることを示唆している．さらにそのボスニア人アイデンティティは権威正当性や民主主義軽視に対しては何の影響も見られなかったため，少なくともサライェヴォでは，ボスニア人アイデンティティは国家や自治体の施策や法律を積極的に支持させるほどの影響力を持たず，紛争後の国家秩序に積極的に協力を促進する程ではないと考えられる．

もう一つの共通内集団アイデンティティである，ヨーロッパ人アイデンティティに対しては三つの民族的アイデンティティのいずれも影響を与えていなかったが，ヨーロッパ人アイデンティティは民主主義軽視を弱める，つまり民主主義を尊重する態度を強めていた．この事はサライェヴォ在住の人々の内，民族的アイデンティティとは無関係に，自分自身を共通内集団アイデンティ

ティである「ヨーロッパ人」であると認識している人ほど,「ヨーロッパ人」というカテゴリーが含意する先進国イメージと民主主義の精神尊重を強く結びつけており,「自分は民主主義の精神を尊重しているはずだ」という自己イメージを持った結果と考えられる.

トゥズラの結果は,ボスニア人アイデンティティが重要な役割を果たしていることを示していた.具体的にはボシュニャク系・アイデンティティはボスニア人への同一化を強めていたが,セルビア系アイデンティティはそれを弱めていた.これはセルビア系が心理的にはボスニアから離脱しようとしていることを示していると推測される.さらにボスニア国民アイデンティティは民主主義軽視を弱めていることから,ボスニア国民アイデンティティはボシュニャク系に対して政治的意思決定への協力を促進する効果があるが,セルビア系にとっては反対に政治的意思決定に従わず,紛争後社会再建の障害となると考えられる.

一方で,民族とは無関係にヨーロッパ人アイデンティティが過激行動支持を弱める,つまり過激行動に対する反対の態度を強めていた.これはヨーロッパ人としての共通内集団アイデンティティを強まると,個別の集団が何らかの主張する手段として過激な行動を起こすこと認めないという態度を強めていることを示唆している.これは共通内集団アイデンティティモデル[Geartner and Dovidio 2000]で予測されていたとおり,上位のカテゴリーに内集団と外集団を包含することによって,外集団に対する過激行動を内集団にも向けられて解釈するため,そのような行動に対する反感を強めた結果と考えられる.

ゼニツァでは,ボシュニャク系・アイデンティティはボスニア国民アイデンティティとボスニア連邦アイデンティティの両方を強めていた.それに対してクロアチア系アイデンティティはボスニア連邦アイデンティティを,セルビア系アイデンティティはボスニア人アイデンティティを弱めていた.そしボスニア人アイデンティティは警察正当性知覚を強め,民主主義軽視を弱めていた.この結果はサライェヴォの結果と,トゥズラの結果の両方を合わせたものに近

いと言える．ゼニツァでも多数派であるボシュニャクは共通内集団アイデンティティであるボスニア国民への同一化を強め，それを介して紛争後社会の再建に寄与する協力的態度を強めていた．対照的に少数派であるセルビア系はその反対の心理過程を示していると言える．しかしクロアチア系アイデンティティは単に構成体であるボスニア連邦への同一化を弱めるだけで，それが社会的態度に影響を与える事は無かった．これらの結果の中で興味深いのはボスニア人アイデンティティが警察正当性知覚を強めていることである．ボスニア人アイデンティティは共通内集団アイデンティティであり，集団のカテゴリーとしては抽象度の高いものである．それに対して警察に対する正当性の知覚は，警察の管轄が地元の行政にある，身近な具体的関心事であるので，理論的には両者の関係は弱く，むしろ政府正当性知覚との関連が予測されていた．そのような結果にならなかった理由として，多数派にとっては現状の社会体制が有利と判断されるので，その秩序維持を担っている警察に対しても肯定的な評価をした結果では無いかと考えられる．

　次にモスタルの結果であるが，他の都市の結果と比べて複雑な結果となった．モスタルは他の都市と比べてクロアチア系住民の多い地域である．そのクロアチア系としてのアイデンティティが強ければ強い程，隣国であるクロアチア共和国アイデンティティが強くなっていた．同時にクロアチア系アイデンティティはヨーロッパ人アイデンティティも強めていたが，その影響力強さはクロアチア共和国アイデンティティに対するものの方が遙かに強かった．そして共通内集団アイデンティティであるボスニア人アイデンティティや，ボスニア連邦アイデンティティに対して，クロアチア系アイデンティティは無関係であった．これうのことから，モスタルの住民のうち，クロアチア系アイデンティティの強い人ほど，現在住んでいるボスニアではなく，隣国でありながら民族的な繋がりのあるクロアチア共和国に所属しているという意識が強く，現在の生活状況を否定的に捉えていることが考えられる．実際，クロアチア共和国アイデンティティは政府正当性知覚や警察正当性知覚を弱めており，このこ

とからクロアチア系アイデンティティの強さが自分たちの置かれている状況を不公正と認識していることが推測出来る.

　もう一つ，クロアチア系アイデンティティがヨーロッパ人アイデンティティを介して過激行動支持を強めている点についても，クロアチア系住民の現状に対する不満と，ボスニアからの心理的離脱が反映されたものと考えられる．過激行動が内集団に向けられた場合，通常人々はそれに対して道徳的に強い嫌悪感を示す．しかしそれが外集団に対して行われた場合には，道徳的判断の範囲外と認知し，それが自分にとって有利に働くのであれば非道徳的行動を支持することもある [Staub 1990 : 47-64]．従って過激行動を支持していることは，自分をボスニア人では無く，ヨーロッパ人として認知しているため，それによってボスニア人を外集団成員と認知し，結果として過激行動への支持を強めたと考えられる.

　一方，ボシュニャク系・アイデンティティは現在所属している国であるボスニアと構成体であるボスニア連邦への同一化を強めており，モスタルもまたボスニア連邦の一部であるという認識が強いことが考えられる．ただし，これらの共通内集団アイデンティティが社会的態度に影響を与えていないことから，自分たちの置かれた状況を問題視しているわけでは無いが，共通内集団であるボスニアとボスニア連邦の一部であることを強く意識することで現状の自己を肯定的に捉えようとしている程度であることが考えられる.

　そしてモスタルのセルビア系アイデンティティは，他の都市とは異なり共通内集団であるボスニアとボスニア連邦への同一化を強めていた．たしかにその強さはボシュニャック系・アイデンティティがこれらの共通内集団アイデンティティに与える影響と比べると弱いが，それでも他の都市ではむしろ弱める効果があったものが，モスタルでは逆であることは興味深い．これはモスタルではクロアチア系住民が多く，セルビア系住民は少ないため，そのような状況でボスニアやボスニア連邦を否定することは自分達の立場を一層弱めてしまうと考え，むしろボシュニャク系との共通点を強く自覚したり，強調したりする

ことで安心感を得ようとする心理過程が働いていると推測される.

　最後にバニャ・ルカの分析結果であるが，ここは他の都市とは異なり，ボスニアの内のスルプスカ共和国に属する，セルビア人の多い都市である．そのような事情がパス分析結果にも現れており，セルビア系アイデンティティティが強ければ強い程，スルプスカ共和国と隣国であるセルビア共和国への同一化が強くなっていた．一方でセルビア系アイデンティティから共通内集団アイデンティティであるヨーロッパ人アイデンティティやボスニア人アイデンティティへの影響は見られなかった．これはセルビア人への同一化の強さが，バニャ・ルカでは共通内集団アイデンティティに影響を与えないことを示しており，同時にそれによってボスニアやヨーロッパ人への反発が生まれるわけでもないことを示唆している．さらにスルプスカ共和国アイデンティティやセルビア系アイデンティティの強さは社会的態度に影響を与えていないので，民族的アイデンティティがボスニア社会に対する敵対的態度を強め，紛争後の社会再建に対する障害となる心理過程を生み出してはいないと考えられる．むしろヨーロッパ人アイデンティティが民主主義軽視を強めていることから，バニャ・ルカ内では共通内集団アイデンティティが強い程，実際に自分たちが関わっている政府や制度を軽視し，非協力的になっていることが考えられる．バニャ・ルカにおいてヨーロッパ人アイデンティティの高い人というのはどのような特徴があるのかは不明だが，モスタルの場合と同様，共通内集団アイデンティティは集団間関係に対して，必ずしも建設的な影響を与えるわけでは無いことをこの結果は示している．

おわりに

　本章では，紛争後のボスニアにおいて民族的アイデンティティと他の民族集団も包含する共通内集団アイデンティティが，人々の社会的態度，特に政府と警察の正当性知覚，民主主義の軽視，過激行動に対する支持的態度にどのよう

な影響を現在与えているのかを，質問紙調査によって検討した．民族的アイデンティティの影響に関しては，ボシュニャク系と他の二つの民族的アイデンティティ，クロアチア系アイデンティティとセルビア系アイデンティティとではその効果が異なっていた．基本的にボシュニャク系への同一化は共通内集団アイデンティティであるボスニア人アイデンティティを介して，紛争後社会の再建に寄与する要因を強めていた．それに対して他の二つの民族的アイデンティティは直接，又は共通内集団アイデンティティを介して間接的に，紛争後社会の再建の障害となる影響を与えていた．

　このように，共通内集団アイデンティティは集団間紛争やその後の状況改善に必ずしも肯定的に働くわけでは無く，環境における内集団の勢力差などによってそれから距離を取りたいという心理を生み，結果として状況を悪化させる可能性があることを本研究の結果は示唆している．ボスニア国内の五つの都市で個別に分析した結果も，もう一つの共通内集団アイデンティティであるヨーロッパ人アイデンティティの効果が各都市で異なっていた事から，共通内集団アイデンティティは常に集団間紛争や紛争後社会にとって有益では無いといえるだろう．この点に関して，例えば集団間接触研究においても接触機会を単に設けるだけではむしろお互いに対する偏見を悪化させてしまうことがあるので [Sherif, Harvery, and White et al. 1961；熊谷 2019：46-72]，関係改善に役立てるためにはいくつかの条件があることが明らかになっている [Hewstone and Brown 1986；Pettigrew and Tropp 2006：751-83]．紛争後社会においては，対立の残る人々を共通の枠組みで一つにまとめることは一見望ましいことであり，それが実現出来るならば理想的であると言えるだろう．しかしそのような取り組みを強調することによって一部の人々はむしろそれを意識し，そこからの離脱と反発を促してしまうことが本研究では示された．もちろん本来の共通内集団アイデンティティモデルの主張は，それぞれの個別のアイデンティティを保持しつつ，上位概念である共通内集団アイデンティティを共有しあうことが効果的であるというものであった [Gaertner and Dovidio 2000]．しかしそれを実際の紛争

場面で応用するためには，集団間の勢力差や隣国との関係など，具体的にはどのような要因が重要な役割を果たしているかについて，今後研究を重ねることで明らかにする必要がある．

◆**参考文献**◆

＜日本語文献＞

熊谷智博［2013］「集団間不公正に対する報復としての非当事者攻撃の検討」『社会心理学研究』29(2)．

──［2019］「集団間の紛争はどのように悪化するのか──キャンプ実験を例に──」，大渕憲一編『紛争と和解を考える　集団の心理と行動』誠信書房．

熊谷智博・大渕憲一［2009］「非当事者攻撃に対する集団同一化と被害の不公正さの効果」『社会心理学研究』24(3)．

＜外国語文献＞

Campbell, D. T. [1965] "Ethnocentric and other altruistic motives," *Nebraska Symposium on Motivation*, 13.

Doosje, B., Van den Bos, K. and Loseman, A. [2013] "Radicalization process of Islamic youth in the Netherlands : The role of uncertainty, perceived injustice and perceived group threat," *Journal of Social Issues*, 69.

Frijda N. H. [1994] "The lex talionis : On vengeance," in S. H. M. Van Goozen, N. E. Van de Poll, and J. A. Sergent eds., *Emotions : Essays on Emotion Theory*, Hillsdale : Lawrence Erlbaum.

Gaertner, S. L., and Dovidio, J. F. [2000] *Reducing Intergroup Bias : The Common Ingroup Identity Model*, Psychology Press.

Hewstone, M. and Brown, R. J. eds. [1986] *Contact and Conflict in Intergroup Encounters*. Oxford : Blackwell.

Insko, C. A., Pinkley, R. L., Hoyle, R. H., Dalton, B., Hong, G., Landry, P., Holton, B., Ruffin, P. F. and Thibaut, J. [1987] "Individual-group discontinuity : The role of intergroup contact," *Journal of Experimental Social Psychology*, 23.

Kramer, R. M. [2004] "The"dark side" of social context : The role of intergroup paranoia in intergroup negotiations," in M. J. Gelfand and J. M. Brett eds., *The Handbook of Negotiation and Culture*, Stanford : Stanford University Press.

Maoz, I., Ward, A., Katz, M. and Ross, L.[2002]"Reactive devaluation of an Israeli and a

Palestinian peace proposal," *Journal of Conflict Resolution*, 46.

Nadlar, A. and Shnabel, N. [2008] "Instrumental and socioemotional paths to intergroup reconciliation and needs-based model of socioemotional reconciliation," in A Nadler, T. E. Malloy, and J. D. Fisher eds., *The Social Psychology of Intergroup Reconciliation*, New York Press.

Pettigew, T. F. and Tropp, L. R. [2006] "A meta-analytic test of intergroup contact theory," *Journal of Personality and Social Psychology*, 90.

Pinter, B., Insko, C. A., Wildschut, T., Kirchner, J. L., Montoya, R. M. and Wolf, S. T. [2007] "Reduction of interindividual-intergroup discontinuity : The role leader accountability and proneness to guilt," *Journal of Personality and Social Psychology*, 93.

Rothbert, M., Evans, M. and Fulero, S. [1979] "Recall for confirming events : Memory processes and the maintenance of social stereotypes," *Journal of Experimental Social Psychology*, 15.

Sherif, M., Harvery, O. J., White, B. J., Hood, W. R. and Sherif, C. W. [1961] *The Robbers Cave Experiment : Intergroup Conflict and Cooperation*. The Institute of Group Relations, the University of Oklahoma.

Staub, E. [1990] "Moral exclusion, personal goal theory, and extreme destructiveness," *Journal of Social Issues*, 46.

第 *8* 章

現代ボスニアに民族間対立はあるか？

上田 光明

はじめに

「ヨーロッパの火薬庫」という有名な言葉に表現されるように，バルカン半島の諸国は複数以上の宗教と民族が絡み合い，歴史的に民族間対立を生んできたと理解されることが多い．1992年から95年まで続いたボスニアでの紛争も，このような対立が単純化され，「民族紛争」として俗説的に語られることが多い．

　もしこのことが正しいとすれば，現代でも民族間の対立が意識や行動に現れているはずである．しかしながら，歴史学者レイノルズの言葉を借りれば，「民族がまじりあった人々は，仲良くとは言わないまでも，少なくとも深刻な暴力行為はなく，何十年もの間生活していた」[Reynolds 2000 : 622] のであり，異民族間の結婚といった社会指標は，ユーゴスラヴィア社会主義連邦共和国（以下，旧ユーゴ）の文化的相互浸透（cultural interpenetration）の程度がアメリカのそれをも上回るものであったことを示唆しているという主張 [Day and Vandiver 2000] まである．

　月村 [2013] がいうように，「辛うじて平和的な多民族共存の状態が継続してきたとして，それにもかかわらず，何故にある時点において民族紛争が発生していったかという説明が困難になるのである」[月村 2013 : 184]．

本章では，民族間の対立が紛争を引き起こしたというこの俗説に疑問を投げかけ，現代のボスニアの人々の他民族に対する意識を社会調査で得られたデータに基づいて実証的に明らかにすることを目的とする．

 1　民族意識に関する調査の概要と変数

(1) 調査の概要

本プロジェクトがスタートして，筆者と熊谷智博 (7章) は，ボスニア紛争およびジェノサイドに関連する二次利用可能な調査データがないことから，ボスニア現地で質問紙調査を実施することによって一次データを収集することを決め，以降，国内外で調査票や調査方法のすり合わせを何度も行った．その結果，サライェヴォ大学 (University of Sarajevo) 刑事司法科学部 (Faculty of Criminal Sciences) のアルミール・マリェヴィッチ (Almir Maljević) 准教授の協力も得つつ，2019年2月から3月にかけ，質問紙調査を実施した．

調査は，マリェヴィッチ准教授の提案により，ボスニアの民族構成 (ボシュニャク系，セルビア系，クロアチア系) を反映させるべく，ボシュニャク系が多く住む3都市 (サライェヴォ (Sarajevo)，トゥズラ (Tuzla)，ゼニツァ (Zenica)) と，セルビア系住民の中心都市バニャ・ルカ (Banja Luka)，クロアチア系住民が比較的多く住むモスタル (Mostar) の5都市で実施した．

回答者は各都市50名 (モスタルのみ52名) で合計252名であった．性別の内訳は，男性128名，女性124名，年齢は19歳～73歳 (平均年齢43.7歳) であった．質問紙はボスニア語，クロアチア語，セルビア語の3言語版を用意し，回答者はその中から1種類を自分で選んで回答した．調査方法は，調査者が回答者に直接手渡しし，その場で回答を求め，終了後すぐに回収した．

(2) 変　数

ここでは，本章で分析に用いた変数について詳述する．

まず，調査票をデザインするにあたり，従属変数となる民族間の対立状況を測るものとして，「社会的距離」という社会学の概念に着目した．個人と個人との間，集団と集団との間における親密性の程度を表す「社会的距離」は，ジンメルが社会理論に導入した「距離」というアイディアを，アメリカの社会学者パークらが加工をへて彫琢された分析概念であり，その後，パークの共同研究者であった社会学者エモリー・ボガーダスによってその概念を測る尺度が開発された［徳田2002：4-5］．本章では，このボガーダスによって開発された「社会的距離尺度（social distance scale）」を一部参考にし，若干修正を加えた尺度化を用いた．

　まず，ボガーダスのオリジナルの尺度を見てみよう．ボガーダスは，各人種集団に対する自分の受容度について，次の7項目のうちのどれに該当するかを対象者に選ばせたものをそのまま点数化し，点数が高いほど，対象となる集団への「社会的距離」が遠いと操作化した．

1．婚姻によって親戚関係になってもよい
2．親友として社交クラブに参加してもよい
3．隣人として近所に住んでもよい
4．同僚として職場に来てもよい
5．市民として自分の国に来てもよい
6．訪問者としてのみ自分の国に来てもよい
7．自分の国から出て行ってほしい

　このボガーダスの尺度はアメリカにおける移民に対する受容度を測ることが目的であり，流入してきたばかりの他民族を想定している（5）〜（7）の設問は，ボスニアにおいて歴史的に共存してきた3民族同士の受容度に主たる関心がある本章には不適切である．また，（2）についても，設問文に含まれる「社交クラブ」は文化的習慣による差異が大きく，これと同様に不適切であるように思われた．

そこで，本章では，ボスニアの文脈を考慮しつつ，研究目的に照らし合わせ，一部参照しつつも，オリジナルとは異なる測定方法を採用した．具体的には，研究目的に合致する（1），（3），（4）を選択し，かつ，測定方法については，そのそれぞれについて，クロアチア系住民，ボシュニャク系住民，セルビア系住民がそうなることへの受け入れの可否を尋ね形式とした．具体的な設問文は以下の通りである．

① 「次のような民族的背景を持つ人が，あなたの職場で同僚になったり，あなたの学校でクラスメートになったりすることを受け入れることができますか？」

② 「次のような民族的背景を持つ人が，あなたの近所に隣人として住むことを受け入れることができますか？」

③ 「次のような民族的背景を持つ人が，婚姻によって親戚関係になることを受け入れることができますか？」

エスニック・アイデンティティがこの社会的距離に影響を与える主要因と考えられることから，この社会的距離の形成に影響を与える要因，すなわち独立変数としては，ボシュニャク系，クロアチア系，セルビア系の各民族集団に対する同一化の程度を11件法（0-10）で尋ねる設問を採用した．

また，これ以外に社会的距離に影響を与える可能性がある要因，すなわち，統制変数として，性別（男性＝1，女性＝2）と年齢を使用した．

2 分析の方法と結果

(1) 分析方法

まず，変数個別の特徴と変数間の関係を見てゆく．後者は，従属変数である社会的距離尺度とそのほかの変数との関連を見る．

次に，従属変数，つまり，社会的距離尺度が，独立変数であるエスニック・

アイデンティティにどの程度決定されているかを調べるために回帰分析を行う．社会的距離は反対 (1)，賛成 (0) の二値変数であるため，従属変数の正規分布を前提とする通常の最小二乗法を用いた重回帰分析ではなく，ロジスティック回帰分析を用いた．係数と有意確率，オッズ比（Exp (B)）を用いて評価を行う．なお，オッズ比は，独立変数の単位が1増加するとき，二値変数である従属変数が1となる確率がどの程度増減するかを表す指標である．この指標が1未満の場合はその確率が下がることを，逆に1より大きい場合はその確率が上がることを意味し，従属変数に与える影響の大きさを独立変数間で比較することが可能となる．

(2) 分析結果

　まず，全体的な傾向を把握しよう．ボガーダスのオリジナルの尺度化にもみられるように，本章における社会的距離は，同僚や級友，近隣住民，親族となるにつれ，公的領域から段階的に私的領域へと他民族が関与してゆくことになる．民族間で対立があるとするならば，私的領域に近づけば近づくほど，それに対する抵抗感も増してゆくことが予想される．

　図 8-1 は，社会的距離尺度の拒否の回答の割合を民族集団別に示したものである．予想通り，同僚や級友，近隣住民，親族となるにつれ，民族集団とは関係なく拒否の割合が高くなっていくことがわかる．また，ボスニア紛争が大まかにいうとセルビア系が他の二つの民族集団と争ったという構図による影響もあるのか，セルビア系に対する拒否的反応は他の民族集団に比べて一貫して高いことも読み取れる．しかし，これだけではどのような人たちが拒否的な反応示す傾向にあるのかは不明である．

　では，どんな属性の人たちが自民族や他民族に対して拒否的反応を示すのであろうか．エスニック・アイデンティティが社会的距離に影響を与えるという仮説から常識的に考えると，自民族に対しては受容・寛容的な傾向を，他民族に対しては排他的な傾向を示すことが予想される．いいかえれば，自分と同じ

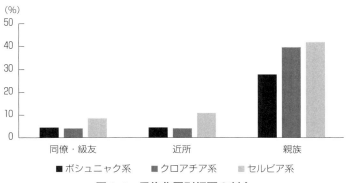

図 8-1 民族集団別拒否の割合

(出所) 筆者作成.

民族に対しては，同僚や級友，近隣住民，親族になることについて反対意志や抵抗感を示すことはなく，自分と違う民族に対しては，そうなることについて反対意志や抵抗感を示す可能性が高いのである．

表 8-1 は，社会的距離尺度の回答別に各民族集団に対する同一化の平均値を示したものである．

全ての民族集団において，自民族について受容・寛容的な傾向を示しており，仮説通りであると言える．しかし，他民族については，仮説に反する結果，つまり他民族に対しても受容・寛容的な傾向を示している結果も散見され，数値を太字にしてアンダーラインを引いているセルで示している．例えば，一番左列の真ん中のセルに着目しよう．クロアチア系の住民が同僚や級友になることについて受容すると回答した人のボシュニャク系同一化平均値は 6.22 で，クロアチア系の住民が同僚や級友になることについて反対する人たちのボシュニャク系同一化平均値 5.11 よりも高い．また，クロアチア系住民が近隣に住むことに対しても同じ傾向がみられる．これらのことが示唆するのは，ボシュニャク系のアイデンティティが高い人ほどクロアチア系住民に対して許容的であるという可能性である．同様に，クロアチア系のアイデンティティが高い人ほどセルビア系住民が近隣に住むことに対して受容・寛容的であ

表8-1 各民族の受け入れ可否と民族的同一化平均値

	（同僚や級友になること）			（近隣住民になること）			（親族になること）		
	民族的同一化平均値（ボシュニャク系）	民族的同一化平均値（クロアチア系）	民族的同一化平均値（セルビア系）	民族的同一化平均値（ボシュニャク系）	民族的同一化平均値（クロアチア系）	民族的同一化平均値（セルビア系）	民族的同一化平均値（ボシュニャク系）	民族的同一化平均値（クロアチア系）	民族的同一化平均値（セルビア系）
ボシュニャク系受容	6.40	2.74	3.26	6.38	2.77	3.31	7.66	2.49	2.30
ボシュニャク系拒否	1.70	5.22	4.44	2.55	4.30	3.30	2.26	3.83	5.87
クロアチア系受容	6.22	2.90	3.27	6.22	2.85	3.23	5.83	3.76	2.70
クロアチア系拒否	5.11	1.25	4.22	5.22	2.63	5.33	6.76	1.51	4.20
セルビア系受容	6.13	2.81	3.53	6.07	2.87	3.56	5.33	2.50	4.71
セルビア系拒否	6.50	3.37	0.74	7.04	2.64	1.00	7.34	3.27	1.18

(出所) 筆者作成.

ることが示唆されている．また，ボシュニャク系住民が近隣に住むことについては，セルビア系のアイデンティティの平均値に差がなく，受容・寛容的でもなく，排他的でもないことが示唆されている．

これらの結果は，2つの変数間の関連を調べたものにすぎず，性別や年齢といった他の変数の影響をコントロールする必要がある．つづいて，それを可能にする回帰分析の結果を見ていこう．

表8-2は，ボシュニャク系の住民が同僚や級友になること（上段），近隣住民になること（中段），親族になること（下段）のそれぞれについて反対か賛成かを従属変数にしたロジスティック回帰分析の結果を示したものである．なお，従属変数が「反対」であるので，係数（B）の符号が－の場合は，逆に「賛成」する傾向にあることを示す．

この**表8-2**からは次のようなことが読み取れる．まず，すべてのモデルおいて，ボシュニャク系のアイデンティティの係数がマイナス（つまり賛成傾向）を示し，統計的有意（同僚や級友になることと近隣住民になることは5％水準で，親族になることは0.1％水準）を得ており，自民族に対する受容・寛容的な傾向が強いことがうかがえる．また，セルビア系のアイデンティティは親族になることにおいてのみ5％水準で統計的有意を得ており，排他的傾向がある．

注目するべきは，ボシュニャク系が近隣に住むことに対して，クロアチア系のアイデンティティもセルビア系のアイデンティティも統計的有意は得られていないものの，双方とも係数がマイナスを示し，受容傾向にある点である．従属変数に与える影響（Exp（B））も小さいので，受容的とまではいえないにせよ，少なくとも反対傾向にはないということはいえよう．

つづいて，クロアチア系の住民の場合についてみていこう．**表8-3**も同様にロジスティック回帰分析の結果を示したものである．

ここではクロアチア系の住民が親族になることについてのみ，各民族集団アイデンティティが仮説通りの方向（自民族には受容・許容的，他民族には排他的）で非常に強い統計的有意を得ている（ボシュニャク系アイデンティティのみ1％水準で

表8-2 ボシュニャク系住民の受け入れ反対を従属変数とするロジスティック回帰分析の結果

ボシュニャク系が同僚・級友になることに反対

	B	標準誤差	有意確率	Exp (B)
性別	−.093	.748	.901	.911
年齢	−.020	.026	.446	.981
ボシュニャク系	−.282	.130	.031	.755
クロアチア系	.107	.107	.317	1.113
セルビア系	.009	.107	.930	1.009
定数	−1.813	1.807	.316	.163

ボシュニャク系が近隣になることに反対

	B	標準誤差	有意確率	Exp (B)
性別	−.530	.681	.436	.588
年齢	−.013	.023	.573	.987
ボシュニャク系	−.261	.104	.013	.771
クロアチア系	−.009	.092	.925	.991
セルビア系	−.081	.095	.392	.922
定数	−.360	1.531	.814	.698

ボシュニャク系が親族になることに反対

	B	標準誤差	有意確率	Exp (B)
性別	.621	.387	.108	1.861
年齢	.013	.013	.313	1.013
ボシュニャク系	−.288	.050	.000	.750
クロアチア系	.027	.048	.573	1.027
セルビア系	.102	.046	.027	1.108
定数	−1.669	.961	.082	.189

（出所）筆者作成

他は0.1％水準）．また，従属変数に及ぼす影響（Exp (B)）に着目すると，セルビア系アイデンティティ（1.252）の方がボシュニャク系アイデンティティ（1.189）よりも反対傾向は若干強いようである．また，自民族に対する統計的有意の係数に親族になることのみであることから，ボシュニャク系の時とは異なり，クロアチア系住民は自民族に対する受容・寛容的な傾向はそれほど強くないといえよう．

　興味深いのは，近隣住民になることにおけるセルビア系アイデンティティを

表 8-3　クロアチア系住民の受け入れ反対を従属変数とするロジスティック回帰分析の結果

クロアチア系が同僚・級友になることに反対

	B	標準誤差	有意確率	Exp(B)
性別	−.573	.749	.445	.564
年齢	.010	.024	.667	1.010
ボシュニャク系	−.115	.113	.309	.891
クロアチア系	−.179	.134	.184	.836
セルビア系	−.051	.114	.655	.950
定数	−1.756	1.787	.326	.173

クロアチア系の近隣になることに反対

	B	標準誤差	有意確率	Exp(B)
性別	−.535	.749	.475	.586
年齢	−.027	.026	.290	.973
ボシュニャク系	−.012	.098	.906	.988
クロアチア系	−.018	.098	.851	.982
セルビア系	.098	.096	.306	1.103
定数	−1.642	1.730	.343	.194

クロアチア系が親族になることに反対

	B	標準誤差	有意確率	Exp(B)
性別	.056	.305	.855	1.057
年齢	.019	.010	.064	1.020
ボシュニャク系	.173	.059	.003	1.189
クロアチア系	−.224	.060	.000	.799
セルビア系	.224	.060	.000	1.252
定数	−2.736	.885	.002	.065

（出所）筆者作成.

除いて，すべての民族系アイデンティティの係数がマイナスを示していることである．すべて統計的有意を得られていないので，先述したのと同様に，受容・許容的とまではいえないが，少なくとも排他的傾向にはないとはいえそうである．

　最後に，セルビア系住民のケースを見ていこう（**表 8-4**）．ここでもクロアチア系の時と同様，住民が親族になることについてのみ，各民族集団アイデンティティが仮説通りの方向（自民族には受容・許容的，他民族には排他的）で強い統

表 8-4 セルビア系住民の受け入れ反対を従属変数とするロジスティック回帰分析
の結果

セルビア系が同僚・級友になることに反対

	B	標準誤差	有意確率	Exp(B)
性別	−.229	.495	.644	.796
年齢	.013	.017	.447	1.013
ボシュニャク系	−.005	.080	.950	.995
クロアチア系	.045	.078	.567	1.046
セルビア系	−.245	.111	.028	.783
定数	−2.256	1.335	.091	.105

セルビア系が近隣になることに反対

	B	標準誤差	有意確率	Exp(B)
性別	.024	.435	.955	1.025
年齢	.005	.015	.758	1.005
ボシュニャク系	.014	.068	.840	1.014
クロアチア系	.011	.068	.873	1.011
セルビア系	−.181	.084	.031	.835
定数	−2.056	1.156	.075	.128

セルビア系が親族になることに反対

	B	標準誤差	有意確率	Exp(B)
性別	−.165	.305	.588	.848
年齢	.015	.010	.142	1.015
ボシュニャク系	.093	.044	.036	1.097
クロアチア系	.118	.045	.008	1.126
セルビア系	−.216	.049	.000	.806
定数	−1.113	.785	.156	.329

（出所）筆者作成.

計的有意を得ている（ボシュニャク系アイデンティティは5%水準，クロアチア系アイ
デンティティは1%水準，セルビア系アイデンティティは0.1%水準）．また，従属変数
に及ぼす影響（Exp(B)）に着目すると，クロアチア系アイデンティティ（1.126）
の方がボシュニャク系アイデンティティ（1.097）よりも反対傾向は若干強いよ
うである．ボシュニャク系の反対傾向が弱いことはクロアチア系住民の時と同
じであり，結婚についてはクロアチア系とセルビア系の間で互いに強い抵抗感
があるのかもしれない．

また，すべてのモデルおいて，セルビア系のアイデンティティの係数がマイナスかつ統計的有意（同僚や級友になることと近隣住民になることは5％水準で，親族になることは0.1％水準）を示しており，ボシュニャク系同様，自民族に対する受容・寛容的な傾向が強いことがうかがえる．

ここで興味深い点は，セルビア系住民が同僚や級友になることに関して，ボシュニャク系アイデンティティが反対傾向にないということである．

以上の結果をまとめると次のようになろう．

まず，異民族間の婚姻を通じて親族になることについてのみ，自民族には受容・許容的，他民族には排他的という仮説が当てはまることである．また，同僚や近隣になることについては，自民族については賛成する傾向がみられる（ボシュニャク系とセルビア系のみ）が，他民族がそうなることについてのはっきりした排他的傾向は見られないことである．何度も述べているが，受容・許容的とまではいえないが，少なくとも排他的傾向にはないとはいえそうである．

おわりに

まず，他民族が自分の同僚・級友や近隣住民になることについては，受容・許容的であるとまではいえなくとも，少なくとも排他的ではないことは，今後の彼らの共生可能性を強く示す証左であるとともに，ボスニア紛争から20数年しか経っていない事実を鑑みれば，驚くべきことであるように思われる．また，同紛争において，最大の被害者のように思われるボシュニャク系にアイデンティティを強く持つ人々が全般的にそのような傾向（セルビア系住民が近隣住民になることのみ例外）を示していることも大変興味深い．これらのことは，彼らが歴史的に共生していたことの現れではないだろうか．

このように考える時，ボスニア紛争やそこで起こった凄惨なジェノサイドの原因を民族対立だけに求めることには合理性・妥当性がないように思われる．月村［2013］は，民族紛争の発生条件を，①必要条件と②十分条件に分け，①

には，民族の居住分布，民主化，貧困，歴史と宗教の5つを，②には当事者が感ずる恐怖，民衆の行動，その民衆をまとめるリーダーシップの3つを挙げる．本章で扱った社会的距離で測られる民族対立は①の宗教に関連付けられるが，これも月村が指摘しているように，必要条件だけで民族紛争が発生するわけではなく，民族紛争やジェノサイドの解明には多角的な分析が必要である．

　最後に，本章の限界について2点ふれておきたい．まず，本章で用いた調査手法の不備を挙げることができる．本来であれば，ボスニアの人口統計等に基づき，各都市の人口分布に沿って，調査対象者をランダムに抽出すべきであったが，筆者らの言語能力や時間の制約もあり，便宜的な抽出にならざるを得なかった．

　もう1点は，エスニック・アイデンティティの操作化についてである．すでに述べたように，本章では，ボシュニャク系，クロアチア系，セルビア系の各エスニック集団に対する同一化の程度を11件法 (0-10) で尋ねる設問の結果をそのまま用いているが，この方法では，どのような回答を行っているかを判別することは非常に困難である．つまり，例えば，異民族間の婚姻などによって複数の民族にアイデンティティを持つ場合，回答者が，ボシュニャク系とクロアチア系の両方にアイデンティティを感じる場合，両方に10と回答しているのか，または，合計値を10と理解するなどして両方に5と回答しているのかが不明なのである．このような回答方法の違いによって結果がゆがめられた可能性も十分に考えられる．とはいえ，ボシュニャク系，クロアチア系，セルビア系の各民族集団に対する同一化の平均値を見ると，それぞれ，6.20，2.84，3.33で，合計12.37となっており，後者の方法で回答したとは考えにくく，エスニック集団ごとに回答した可能性が高く，本章の結果はそれほどゆがめられていないと考える．

◆参考文献◆

＜日本語文献＞

月村太郎［2013］『民族紛争』岩波書店.

徳田剛［2002］「『社会的距離』概念の射程――ジンメル，パーク，ボガーダスの比較から――」『ソシオロジ』46(3).

＜外国語文献＞

Day, L. E. and Vandiver, M.［2000］"Criminology and genocide studies : Notes on what might have been and what still could be," *Crime, Law and Social Change*, 34.

Reynolds, D.［2000］*One World Divisible : A Global History Since 1945*, London : W. W. Norton & Company.

あ　と　が　き

　本書は，科研費助成事業による基盤研究（B）特設分野（紛争研究）「武力紛争後状況の多元的研究——ボスニア紛争を通じた専門分野の対話の試み」(17KT 0003, 2017～19 年度) による現地調査から得られた知見を中心にまとめたものである．本共同研究は，月村が研究代表者，大串，竹中，本名，窪田，熊谷，上田が研究分担者として参加し，いずれも本書の執筆に加わっている．また，2018 年度から同志社大学において日本学術振興会特別研究員として研究を行った大場が現地調査に加わり，本書でも分担執筆を行った．

　多忙な研究者が多かった為に，一行が全員揃って調査することをせずに，特に熊谷，上田はサライェヴォ大学刑事司法科学部教員の協力を得て，独自の質問紙調査を行うこととなった．他の関係者は，時間の許す限り，サライェヴォの上級代表事務所や EU 代表部，OSCE ボスニア・ミッション，日本大使館などにおいて全体調査を行い，またスレブレニツァ／ポトチャリの共同墓地やメモリアル・センターなどを訪問した．その後に二つのグループに分かれ，大串などは，ボスニア紛争の被害者への聞き取り調査を中心に行った．ボスニア紛争の当事者であった主要 3 民族（ボシュニャク系，セルビア系，クロアチア系）の関係者に聞き取りを行ったために，ボシュニャク系のサライェヴォに加えて，セルビア系のバニャ・ルカ，クロアチア系のモスタルという各民族の民族的本拠地にも滞在することになった．本名などは，ボスニアの国防省やボスニア連邦警察，サライェヴォ・カントン警察など治安機関における調査を主に行った．本共同研究において，研究代表者の月村は主として全体の調整を担当したが，それでも前半には上級代表事務所や国防省，ボスニア連邦警察，サライェヴォ・カントン警察，後半では各地における紛争被害者への聞き取り，そしてカントン政府や政党関係者への調査に携わった．

本共同研究では，「まえがき」に記したように，異なる地域を研究対象にしていたり，異なるディシプリンによって研究活動を行っている研究者が，ボスニアに向き合うことで，自身の研究においてどのような「発見」があるかという点も，研究目的の一つであった．研究代表者である月村は，ボスニアにおける民族紛争を研究するなかで，他の紛争地域の実際に興味を深く抱き，これまでに旧ユーゴ諸国は言うまでもなく，紛争によって分断されているモルドヴァと沿ドニエストル，キプロスと北キプロスを始めとして，紛争後のスリランカ，インドネシアのアチェ，ルワンダ，北アイルランドを現地調査してきた．そこで得られた知見の一部は『民族紛争』(岩波新書，2013 年) で明らかにしておいた．本共同研究では，各分担者のボスニアとの「格闘」ぶりとそれによって得られた知見を楽しみにしていたが，彼らの現地調査に同行することで，むしろ自身において，ボスニアやその位置するバルカン地域研究の重要性を再確認し，研究上の新たな手がかりを得ることができた．それによる成果の一端が『バルカンの政治』(東京大学出版会，2023 年) であり，現在，作業中のボスニア政治に関する単著である．

　さて，充実した現地調査を行うには，現地における研究協力者による献身的な支援が欠かせない．今回の現地調査では，現地でのインフォーマントへのアポイント，移動のサポート，時には同行など，一言では語りつくせないほど，多くの方にお世話になった．現地調査をスムースに進めることができたのは協力いただいた方々のおかげである．ひとり一人のお名前を挙げるのは叶わないが，改めてこの場でも御礼申し上げたい．

　本書の原型は，今回の共同研究による報告書として 2020 年 3 月には既にまとまっていた．晃洋書房編集部の丸井清泰さんとは，その後の出版について合意していたが，新型コロナウィルス感染症の蔓延により，授業形態の大幅な変更など教育・研究活動に大きな影響が出てしまった．勿論のこと，蔓延中も多くの優れた書籍を出版されていた訳であり，本書の出版の遅れにおける最大の原因は，研究代表者でありかつ本書の編者である月村の「さぼり癖」である．

丸井さんには，まずお詫び申し上げたい．

　丸井さんに編集をお願いし，月村が編者となった晃洋書房刊の書籍は，『地域紛争の構図』(2013年)，『紛争後のユーゴスラヴィア』(2017年) に続いて，三冊目である．今回も，丸井さんの絶妙な「手綱裁き」のおかげで，何とか刊行にこぎつけることができた．晃洋書房編集部のホープである坂野美鈴さんの手堅い仕事ぶりにも助けられた．最後になるが，おふたりにも改めて御礼申し上げたい．

　2024年7月　今出川の研究室にて

月 村 太 郎

人名索引

〈A・B〉

アナン, K.（Annan, K.）　78, 80
ボッカー, E.（Bockers, E.）　126
ボガーダス, E.（Bogardus, E.）　171
ブラメーツ, S.（Brammertz, S.）　64

〈C・D〉

チョルカロ, D.（Corkalo, D.）　54
デルプラ, I.（Delpla, I.）　53

〈H〉

ヘイナー, P. B.（Hayner, P. B.）　125, 127
ハワード, J.（Howard, J.）　132
ホロウィッツ, D.（Horowitz, D.）　15
ハント, L.（Hunt, L.）　123

〈I・K〉

イシェイ, M. R.（Ishay, M. R.）　123
イゼトベゴヴィッチ, A.（Izetbegović, A.）
　12, 33
カハノフ, M.（Kahanoff, M.）　126, 140
カルドー, M.（Kaldor, M.）　69
河原節子（Kawahara, S.）　124
キーティング, P.（Keating, P.）　132
小菅信子（Kosuge, N.）　126

〈L・M〉

レイプハルト, A.（Lijphart, A.）　15
イム, J.（Lim, J.-H.）　142, 143
マンネルグレーン, J.（Mannergren Selimovic, J.）
　53, 54
ミロシェヴィッチ, S.（Milošević, S.）　70
メロン, T.（Meron, T.）　64

〈O・R〉

緒方貞子（Ogata, M.）　75, 86
ラッド, K.（Rudd, K. M.）　133

〈S〉

セン, A.（Sen, A.）　86
スハルト（Soeharto）　103
徐勝（Sung Suh）　124

〈T〉

ティトー, J. B.（Tito, J. B.）　10, 11, 135
トゥジマン, F.（Tuđman, F.）　12

〈W・Y〉

ウッドワード, S.（Woodward, S.）　74
ヤコブ, Z.（Yacoob, Z.）　129
吉田尚史（Yoshida, N.）　126
ユドヨノ, S. B.（Yudhoyono, S. B.）　104

事 項 索 引

〈アルファベット〉

NATO 加盟　98

NGO　50, 76, 77

NPO　130

Others　32, 34-37

PRO-Future　54, 57, 58, 60, 62-67

rescuers　65

〈ア 行〉

アイデンティティ　49, 151, 159

アウトリーチ　53

握手　58, 59

アフガニスタン　82

　──戦争　77

アボリジニ　117

　──の経験　134

　──和解委員会　131

アメリカ独立宣言　123

誤った事実認識　65

アンケート　61

イェニチェリ　5, 6

移行期正義　49-53, 59, 66

遺骨　133

移住　142

イスラーム教徒　4, 6, 7, 11, 15, 20, 21

遺体　57

遺物　133

癒し　129

インド　79, 85

インドネシア　91

ヴェルサイユ条約　124

ヴォゴシャ　63

ヴコヴァル　54

王国　4, 9, 10, 15

欧州人権裁判所　24, 36, 39, 42

欧州人権条約　28, 35, 37, 39

オーストラリア　117

　──先住民　117

オスマン帝国　vi, 4-8, 20

〈カ 行〉

改革　95

介入の義務　75

加害　51, 52, 54, 57-61, 63, 67

加害者　49, 51-54, 56-61, 63, 64, 66

過激行動　150, 151, 161, 162, 164

　──支持　152-154, 160-162, 164

カシミール　85

　──紛争　79

カソリック救援サービス　136

語り　51, 126

　──のイベント　136

カテゴリー　147

カリタス　56

カリタス・ボスニア　54, 66, 136

監獄死　130

慣習的正義　128

カントン　13, 16, 21, 22
記憶　51, 52
　　──空間　142, 143
　　──行為と場　126
　　──の場　66
犠牲者　50, 52, 60
帰責　60
起訴　52
帰属意識　65
記念　51, 56, 66
　　──物　51, 52
虐待　58
救助　65
旧ユーゴ　vi, 4, 9-12, 15, 21
旧ユーゴスラヴィア国際刑事裁判所（ICTY）
　　50-53, 58-64, 67
教育的方法　126
共感　64
共通内集団アイデンティティ　147, 149, 151,
　　153-156, 159-166
　　──モデル　162, 167
拒否権　28, 30, 42
グジャラート　80
　　──暴動　79
クロアチア　51, 54
　　──系　vi　7, 9-13, 18, 20
　　──防衛評議会　95
グローバライゼーション　142
軍　55, 60, 66
軍事組織　55, 61
軍人　50, 55, 67
刑　58, 59, 61
刑期　61

警察　66
　　──改革　95
　　──正当性知覚　153, 154, 160, 162, 163
刑事告発　58
刑務所　59
権威（の）正当性　150, 161
　　──知覚　152
権利回復運動　130
攻囲　55
公職追放　66
構成体　13, 16, 21, 22, 27, 28, 31, 33, 34, 42, 56
構成民族　12, 19, 22, 24, 28-30, 32, 33, 37, 40,
　　41
公聴会　128
肯定的な接触　65
公的記憶　141
公的機関　60
公務員　54
拷問　50, 58, 59
国際法　60, 66
国勢調査　50
国内避難民　50
国防改革　94, 107
　　──委員会　95
国連憲章　122
個人間─集団間不連続性　148
個人賠償　125
国家　56, 63, 64, 66
　　──公式謝罪　133
コニツ　53
コミュニティ　126
コロンビア　58, 65, 67

189

事項索引

〈サ　行〉

裁判　53, 58-62, 66, 67

裁判所　52, 53, 58, 61, 62

殺害　50, 51, 60, 61

サライェヴォ　50, 55, 61

　　──攻囲　55

残虐行為　51, 60

ジェノサイド　53, 55, 56, 64, 71, 132, 135

ジェパ　55

ジェンダー政治　75

ジェンダーに基づく暴力　73

死刑　61

自治体　51, 53, 61

指導者　60, 61

シビリアン・コントロール　110

司法取引　58

社会的カテゴリー　149

社会的距離尺度　171

謝罪　56-58, 66, 125

周縁化　134

宗教　54

集合的記憶　143

終身刑　61

集団カテゴリー　147

集団間攻撃行動　149

集団間紛争　166

集団的アイデンティティ　149, 155

修復的正義　126

収容所　52, 55, 56, 63

傷痍軍人　55, 67

障碍　67

上官　60

　　──責任　60

上級代表　17, 18, 34

上級代表部事務所　94

証言　126

少数派民族　52

承認　126, 140

証人　58

女性差別撤廃条約　76

女性に対する暴力　72, 73

女性の議席　82

『女性，平和，安全保障』に関する決議1325号
　　73

処罰　52, 53, 56, 57, 59, 64, 66

人権　49

　　──意識　64, 125

　　──侵害　52, 65, 66, 125

　　──抑圧　125

人口　50

真実　60, 66, 129

　　──委員会　56, 66

　　──和解委員会　127

人道的介入　69

人道に対する罪　61

推定無罪　54

スピーカー　54-56, 58-60, 62-67

スリランカ　82, 85

スルプスカ共和国　12, 13, 18, 22, 26, 29, 30,
　　32, 34, 42, 51, 52, 55, 60

　　──陸軍　95

スレブレニツァ　53, 55

スレブレニツァ虐殺　52, 60, 71, 75, 135

正義　53

政治家　49, 51, 54, 57, 65

政治指導者　51, 57

精神的安定　58

政党　51

正当化　53, 59, 61

制度改革　66

政府正当性知覚　153, 154, 161, 163

世界人権宣言　123

責任　59, 60

セルビア　51

　──系　vi, 4, 8, 9, 11-13, 16, 20

セルビア人・クロアチア人・スロヴェニア人王国
　9

セルビア人共和国　12

戦争　55, 58, 63, 66

戦争犯罪　49, 51-53, 56, 61, 65-67

　──裁判　57

　──訴追　52, 65

　──被害者　57, 65-67

戦争被害者　54, 56, 66, 67

戦犯　51, 64

相互参照　143

祖国戦争　55

訴追　52, 53, 65, 67

〈タ　行〉────────────

第 4 回世界女性会議　72

第一次世界大戦　124

大統領評議会　12, 18, 28, 32-34, 36, 42

逮捕　53

大量殺戮　125, 135

脱領土化　142

ダブルスタンダード　49-53, 59, 60, 64, 65, 67

団体　53, 54, 61, 63, 64, 66, 67

治安部隊　65, 67

治安部門　94

　──改革　93

治療的方法　126

帝国　6

デイトン憲法　24, 26-28, 30, 33, 35, 37, 41

デイトン合意　12, 13, 17, 24, 26, 27, 34, 51, 75

デイトン体制　12, 13, 16, 17, 19

デイトン和平合意　94

テロとの戦い　109

独裁　66

トラウマ　56, 125

トランスナショナル　143, 144

トレビニェ　55

〈ナ　行〉────────────

難民　50

憎しみ　58, 63

「人間の安全保障」プログラム　86

認知　59

盗まれた世代　131

ネパール　82

〈ハ　行〉────────────

バイアス　52, 62, 63

賠償　56, 66, 126

破綻国家　74

バニャ・ルカ　55, 64

ハプスブルク帝国　4, 6-9, 15

パブリック・スピーカー　59

パブリック・スピーキング　54, 63

パワー・シェアリング　12, 13, 16

判決　54, 58, 61, 63

犯罪　52, 54, 59, 60, 62

判事　62, 63

反省　53, 58

被害　50, 51, 57-59, 65, 67

被害者　49, 51, 53-68

　　──団体　52, 54-56, 58-60, 63, 64, 66

被拘禁者　55

被告　52, 58

非人道的行為　50

否定　49, 51, 58-62, 67

避難　63

否認　57

　　──論　59, 65, 67

批判的記憶　141

武器としてのレイプ　71, 79

服役　59

復讐　53

不処罰　53

付随的損害　50

武装勢力　50, 65, 67

フランス人権宣言　123

プリィエドル　54, 55

武力紛争　66, 135

ブルチュコ　27, 55

紛争　49, 50, 56, 65, 66, 122

　　──解決　125

　　──経験の語り　137

　　──下における女性に対する暴力　73

紛争後　147

　　──（の）社会　147, 149-151, 166

文民　50, 55, 61

　　──犠牲者　52

　　──被害者　53, 55, 66

米国国際開発庁（USAID）　54

兵士　52, 55, 67

平和構築　72, 78, 125

ペルー　65, 67

傍聴人　58

報復的正義　126

暴力　65

ボガーダス　173

ボシュニャク系　12, 13, 20, 21

補償　57, 133

ボスニア　170-172, 181

ボスニア・ヘルツェゴヴィナ　169

ボスニア閣僚評議会　36

ボスニア議会　30, 32, 36, 38, 40, 42

ボスニア共和国陸軍　95

ボスニア憲法裁判所　27, 29, 33-36, 38-40, 42

ボスニア国軍　95

ボスニア紛争　49, 50, 55

ボスニア連邦　12, 13, 16, 21, 22, 26, 29, 32, 34

捕虜　49, 53, 55

〈マ　行〉────────

ミクロの和解　57

ミッレト制　5, 15

南アフリカ　127

民主主義（の）軽視　150, 152-154, 160-162, 165

民族意識　65

民族主義　49, 51, 52, 56

　　──者　49

民族浄化　60, 61

民族籍　55

民族的アイデンティティ　149, 151-156, 160,
　　161, 165, 166

民族紛争　65

無罪判決　52

ムスリム系　11, 15, 21, 50

メディア　51, 65

免責　66

モスタル　54, 55

問題解決　140

〈ヤ　行〉————————

ユーゴスラヴィア王国　9

ユーゴスラヴィア社会主義連邦共和国　vi, 10

有罪　62

　　──答弁　58

　　──判決　51, 52, 58, 60, 62

行方不明　57, 63

行方不明者　50, 53, 55-57, 63, 64

　　──機関（Missing Persons Institute）　63

行方不明文民　55

赦し　53, 58

許す　134

赦す　58, 59

世論調査　57, 62

ラテンアメリカ　65

〈ラ　行〉————————

量刑　53, 61

レイプ　50

歴史教育　65

歴史修正主義　52

レッドファーン・スピーチ　132

連隊システム　100

連邦　13

　　──制　10, 12, 13, 16

ロシア　98

ロビイング　63

〈ワ　行〉————————

和解　49, 53, 54, 56-59, 64-66, 117, 124

　　──委員会　117, 126, 127

　　──のオーストラリア　133

和平遂行部隊　94

和平履行協議会　17, 18

《執筆紹介》（執筆順，＊は編著者）

＊月村太郎（つきむら　たろう）[第1章]

東京大学法学部卒業．現在，同志社大学政策学部教授，神戸大学名誉教授．

主要業績

『ユーゴ内戦——政治リーダーと民族主義——』東京大学出版会，2006 年．『解体後のユーゴスラヴィア』（編著），晃洋書房，2017 年．『バルカンの政治』東京大学出版会，2023 年．

大場佐和子（おおば　さわこ）[第2章]

京都大学沄学部卒業後，弁護士として活動．神戸大学大学院法学研究科博士課程後期課程修了，博士（法学）．日本学術振興会特別研究員（2016〜2018 年 DC 2，2018〜2021 年 PD）．

大串和雄（おおぐし　かずお）[第3章]

東京大学大学院法学政治学研究科博士課程修了，法学博士．現在，東京大学名誉教授．

主要業績

『軍と革命——ペルー軍事政権の研究——』東京大学出版会，1993 年．『ラテンアメリカの新しい風——社会運動と左翼思想——』同文館，1995 年．『21 世紀の政治と暴力——グローバル化，民主主義，アイデンティティ——』（編著），晃洋書房，2015 年．

竹中千春（たけなか　ちはる）[第4章]

東京大学法学部卒業．現在，立教大学法学部元教授．

主要業績

『世界はなぜ仲良くできないの？暴力の連鎖を解くために』CCC メディアハンス，2004 年．『盗賊のインド史——帝国・国家・無法者——』有志舎，2010 年．『ガンディー　平和を紡ぐ人』岩波書店，2018 年．

本名　純（ほんな　じゅん）[第5章]

オーストラリア国立大学，博士（政治学）．現在，立命館大学国際関係学部教授．

主要業績

Military Politics and Democratization in Indonesia, Routledge, 2003.『民主化のパラドックス——インドネシアにみるアジア政治の深層——』岩波書店，2013. *Health Security in Indonesia and the Normalization of the Military's Non-defence Role*, ISEAS-Yusof Ishak Institute, September 2022.

窪 田 幸 子（くぼた　さちこ）[第 6 章]

甲南大学大学院博士後期課程単位取得退学，博士（社会学）．現在，芦屋大学学長，神戸大学名誉教授．

主要業績

『アボリジニ社会のジェンダー人類学——先住民・女性・社会変化——』世界思想社，2005 年．『「先住民」とはだれか』（共編著），世界思想社，2009 年．『ワンロード——現代アボリジニ・アートの世界——』（監修著），現代企画室，2016 年．

熊 谷 智 博（くまがい　ともひろ）[第 7 章]

東北大学大学院文学研究科博士課程単位取得後退学，博士（文学）．現在，法政大学キャリアデザイン学部教授．

主要業績

『紛争と平和構築の社会心理学——集団間の葛藤とその解決——』（監訳），北大路書房，2012 年．『紛争・暴力・公正の心理学』（共著），北大路書房，2016 年．『紛争と和解を考える——集団の心理と行動——』（共著），誠信書房，2019 年．

アルミール・マルジェヴィッチ（Almir Maljević）[第 7 章]

アルベルト・ルードヴィヒ大学フライブルグ博士課程修了，博士（国際犯罪法学）．現在，サライェヴォ大学刑事司法学部教授．

主要業績

Enforcement of Alternative Measures for Juveniles : Legal, Institutional and Practical Issues（共著），Criminal Policy Research Center, 2010. *'Participation in a Criminal Organisation' and 'Conspiracy' : Different Legal Models Against Criminal Collectives*, Duncker & Humblot, 2011. *Corruption, Greed and Crime Money : Sleaze and Shady Economy in Europe and Beyond*, Wolf Legal Publishers, 2014.

上 田 光 明（うえだ　みつあき）[第 8 章]

京都府立大学大学院福祉社会学研究科研究指導・単位取得認定退学，博士（福祉社会学）．現在，日本大学国際関係学部教授．

主要業績

『データで見る東アジアの文化と価値観——東アジア社会調査による日韓中台の比較——』（共編著），ナカニシヤ出版，2011 年．*Fifty Years of Causes of Delinquency : The Criminology of Travis Hirschi*（共著），Routledge, 2019. 『犯罪学におけるコントロールモデルの展開と犯罪原因論の課題』日本評論社，2022 年．

シリーズ 転換期の国際政治 21

紛争後社会と和解
──ボスニアにおける国家建設──

2024年9月20日　初版第1刷発行　　＊定価はカバーに
　　　　　　　　　　　　　　　　　表示してあります

編著者　　月　村　太　郎 ©

発行者　　萩　原　淳　平

印刷者　　藤　森　英　夫

発行所　株式会社　晃　洋　書　房

〒615-0026　京都市右京区西院北矢掛町7番地
電話　075 (312) 0788番㈹
振替口座　01040-6-32280

装丁　尾崎閑也　　　　　印刷・製本　亜細亜印刷㈱
ISBN978-4-7710-3869-1

[JCOPY] 〈(社)出版者著作権管理機構　委託出版物〉
本書の無断複写は著作権法上での例外を除き禁じられています.
複写される場合は, そのつど事前に, (社)出版者著作権管理機構
(電話 03-5244-5088, FAX 03-5244-5089, e-mail：info@jcopy.or.jp)
の許諾を得てください.

髙岡 豊 著
シリア紛争と民兵

A 5 判 174 頁
定価 3,520 円(税込)

芝崎 厚士 著
グローバル関係の思想史
——万有連関の世界認識研究へ——

A 5 判 328 頁
定価 5,060 円(税込)

小阪 真也 著
国際刑事法廷の「遺産」
——「積極的補完性」の軌跡と展開——

A 5 判 184 頁
定価 3,850 円(税込)

山尾 大 著
紛争のインパクトをはかる
——世論調査と計量テキスト分析からみるイラクの国家と国民の再編——

A 5 判 294 頁
定価 4,180 円(税込)

菅 英輝 編著
競合する歴史認識と歴史和解

A 5 判 336 頁
定価 5,280 円(税込)

吉田 仁美 編著
グローバル時代の人権保障

A 5 判 310 頁
定価 4,180 円(税込)

五十嵐 美華 著
人権保障と地域国際機構
——アフリカ連合の役割と可能性——

A 5 判 130 頁
定価 2,860 円(税込)

宇佐見 耕一 編著
ラテンアメリカと国際人権レジーム
——先住民・移民・女性・高齢者の人権はいかに守られるのか?——

A 5 判 198 頁
定価 2,970 円(税込)

安達 智史 著
再帰的近代のアイデンティティ論
——ポスト 9・11 時代におけるイギリスの移民第二世代ムスリム——

A 5 判 480 頁
定価 6,380 円(税込)

川村 仁子・龍澤 邦彦 著
グローバル秩序論

菊判 314 頁
定価 3,850 円(税込)

円城 由美子 著
イラクの女性たち
——平和構築におけるジェンダー——

四六判 248 頁
定価 4,180 円(税込)

晃 洋 書 房